本书为湖南省社科基金教育学专项课题"新中国70年湖南省农村学前教育发展研究"（JJ194065）的研究成果。

新中国成立以来湖南省农村学前教育发展研究

张苏颖　著

湖南大学出版社
·长沙·

图书在版编目（CIP）数据

新中国成立以来湖南省农村学前教育发展研究／张
苏颖著. --长沙：湖南大学出版社，2024.11. --ISBN
978-7-5667-3659-8

Ⅰ. G619.2

中国国家版本馆 CIP 数据核字第 2024X1E127 号

新中国成立以来湖南省农村学前教育发展研究

XINZHONGGUO CHENGLI YILAI HUNAN SHENG NONGCUN XUEQIAN JIAOYU FAZHAN YANJIU

著　　者：张苏颖
责任编辑：方雨轩
印　　装：长沙创峰印务有限公司
开　　本：710 mm×1000 mm　1/16
印　　张：10.5
字　　数：172 千字
版　　次：2024 年 11 月第 1 版
印　　次：2024 年 11 月第 1 次印刷
书　　号：ISBN 978-7-5667-3659-8
定　　价：58.00 元

出 版 人：李文邦
出版发行：湖南大学出版社
社　　址：湖南·长沙·岳麓山　　邮　　编：410082
电　　话：0731-88822559（营销部），88821343（编辑室），88821006（出版部）
传　　真：0731-88822264（总编室）
网　　址：http://press.hnu.edu.cn
电子邮箱：501267812@qq.com

前　言

　　城乡学前教育发展不均衡，一直是我国学前教育发展的矛盾和短板所在，我国历来农村人口众多，农村人口的庞大基数使得农村学前教育事业的发展对我国学前教育事业的整体发展尤为关键。2010 年以来，随着国家"重点发展农村学前教育"政策的发布和实施，农村学前教育的发展被提升到了前所未有的高度，成为新时期我国教育改革的重要议题。

　　湖南省作为我国的农业大省，其农村学前教育的发展历程充满了起伏和变革，自新中国成立以来，湖南省农村学前教育事业发展成就显著，涌现出了全国知名的"桃江经验"。本书期望通过对历史的深入挖掘，全面梳理新中国成立以来湖南省农村学前教育的发展历程，深入分析 70 余年来的发展与变革轨迹，从政策、体制、师资、活动等多个维度总结湖南省农村学前教育的发展成就与经验，探究湖南省农村学前教育发展过程中的经验和教训，尝试解读影响其发展的深层原因。同时分析当前面临的主要问题，在此基础上，借鉴历史经验，思考新形势下的改革发展思路、方向和目标，为湖南省农村学前教育的改革与发展提出切实可行的意见和建议。

　　本书是湖南省社科基金教育学专项课题"新中国 70 年湖南省农村学前教育发展研究"（课题编号：JJ194065）的最终成果。

　　第一章是新中国成立至改革开放前湖南省农村学前教育发展情况，介绍了 1949—1978 年湖南省农村学前教育发展历程与主要阶段，总结了该阶段湖南省农村学前教育事业发展的主要状况。

　　第二章是 1979—2010 年湖南省农村学前教育的变革发展，介绍了 1979—2010 年湖南省农村学前教育发展历程与主要阶段，从农村学前教育政策、办园体制、师资、活动等多方面揭示了湖南省农村学前教育发展的特点，分析、归纳了该阶段湖南省农村学前教育事业发展取得的主要成绩与经验，以及面临的主要挑战与困难。

第三章是 2010 年以来湖南省农村学前教育的变革发展，全面介绍了 2010 年以来湖南省农村学前教育的总体发展情况，包括与之相关的重点政策和重要事件，展现了湖南省农村学前教育的新面貌。2010 年，是我国农村学前教育迎来大发展、大变革的起始之年。当年发布的《国家中长期教育改革和发展规划纲要（2010—2020 年）》提出了重视发展学前教育的要求，明确提出了未来十年发展学前教育的三大任务：基本普及学前教育、明确政府职责、重点发展农村学前教育。国家对农村学前教育的空前重视，推动了湖南省农村学前教育进入了飞速发展的新时期。

第四章是进一步推进湖南省农村学前教育发展的思考，全面分析了当前湖南省农村学前教育发展现状，揭示了目前存在的主要问题。同时，借鉴历史经验，思考了新形势下湖南省农村学前教育事业改革发展的思路、方向和目标，并提出了相应的意见和建议。

这一研究对新中国成立以来湖南省农村学前教育发展历程的系统化研究是一个有力补充，提供了一个全面的视角来审视和理解当前湖南省农村学前教育面临的挑战与机遇，更为新时期湖南乃至全国农村学前教育的发展提供了宝贵的借鉴与参考。在这一研究旅程中，我们期待与读者一同探索湖南省农村学前教育的过去、现在与未来，共同为孩子们构建一个更加美好的明天。

开展湖南省农村学前教育发展研究，最大的困难在于资料的搜集、整理与选用，尽管做了大量的工作，但在研究过程中仍然感到资料的欠缺，缺少一些代表性、典型性的资料，且受限于作者的研究水平，对关键性问题的挖掘和分析还有许多的不足，恳请专家、同行及读者们给予批评指正。

在写作过程中广泛参阅了相关著作，在此，谨向有关专家作者致以诚挚的谢意！

本书的出版得到了湖南大学出版社的大力支持，在写作及出版过程中，责任编辑方雨轩为本书的出版做了大量细致的工作，付出了辛勤的劳动，在此表示衷心的感谢！

张苏颖

2024 年 5 月

目　次

新中国成立以来湖南省农村学前教育发展研究

第一章

新中国成立至改革开放前湖南省
农村学前教育发展情况

1949 年新中国成立之初，由于多年战争的破坏，湖南省学前教育事业十分落后。新中国成立后，党和政府重视学前教育的发展，明确了学前教育的性质和任务，制定了一系列政策和制度，引领和推动了全国学前教育事业的发展，湖南省农村学前教育事业也随之揭开了全新的篇章。

第一节　1949—1957 年湖南省农村
学前教育发展

一、新中国成立初期湖南省学前教育发展基本情况

1949 年新中国成立之时，湖南省各级各类教育事业百废待兴，持续多年的战火使得学校校舍被严重破坏，办学经费得不到保障，办学条件极其艰苦，学前教育基础更是薄弱。1949 年，湖南省共有 19 所幼儿园，教职工 56 人，在园幼儿 976 人，平均每万人中仅 0.3 人，且工农子女很少。[①]其中 4 所公立幼儿园，分布在湘潭、醴陵、芷江、凤凰四地，其余均为私立幼儿园。

新中国成立后，采取的是国家办、企事业单位办、集体办、群众自办并举，以群众自办为主的发展方针，多渠道、多形式发展学前教育。在政府的

---

① 湖南省教育科学研究院. 湖南教育大事记[M]. 长沙：岳麓书社，2002：267.

大力支持下，湖南省学前教育事业快速发展。如长沙市，到 1952 年 9 月，各级各类幼儿园从新中国成立前的 8 所快速增加到 27 所。之后一段时间，许多私立幼儿园纷纷由机关、团体、企事业单位接办，再加上省、市人民政府和高等院校积极举办幼儿园，湖南省幼儿园数量、在园幼儿人数和教职工数均稳步增长。到 1957 年底，全省共有幼儿园 223 所，约为 1949 年幼儿园数量的 11.7 倍，在园幼儿人数 16 431 人，约为 1949 年在园幼儿人数的 16.8 倍，教职工数 2 130 人，约为 1949 年教职工数的 38 倍，具体数据见表 1-1。

表 1-1　1949—1957 年湖南省学前教育基本情况数据[①]

年份	幼儿园数/所	在园幼儿数/人	教职工数/人	
			合计	教养员
1949	19	976	56	56
1950	32	595	81	61
1951	109	6 682	661	285
1 952	99	5 875	566	260
1953	105	8 168	800	369
1954	136	9 697	934	513
1955	147	11 045	1 217	582
1956	195	14 723	1 748	620
1957	223	16 431	2 130	697

二、新中国成立初期湖南省农村学前教育发展基本情况

新中国成立初期，农村幼儿园的主要任务是便利农村妇女在农忙时节参与生产劳动，因此当时湖南省农村地区的幼儿园主要为季节性的幼儿园（班）或农忙托儿所、农忙托儿互助组。1953—1957 年间，湖南省各地的农业生产合作社先后举办了一大批半日制和季节性幼儿园，特别是在 1955—1956 年农业合作化运动高潮中发展了大量的灵活举办的农村学前教育机构。1956 年 10

---

① 田景正，周丛笑，刘美罗. 湖南省学前教育发展研究［M］. 长沙：湖南科学技术出版社，2010：4.

月，湖南省教育厅发布《关于对幼儿教育工作的几点意见的通知》，明确提出"大力发展各种类型日间幼儿园和季节性幼儿园"，其中的季节性幼儿园主要在农村地区举办。1957年，湖南省教育厅召开全省第一届幼儿教育座谈会，并发布了《我省幼儿教育的基本情况和今后任务的通知》，通知中明确要求"巩固、提高现有幼儿园，并继续提倡发展各种类型的小型日间幼儿园与农村季节性幼儿园"。

第二节　1958—1978年湖南省农村学前教育发展

1958—1978年，湖南省农村学前教育受我国农村经济社会生活大变革的影响，经历了两次大起大落。一是1958—1960年"大跃进"期间，湖南省农村学前教育迅猛发展，农村幼儿园数量在短时间内急剧增加；二是1966—1967年期间"农业学大寨"运动带来的农村学前教育小发展。具体数据见表1-2。

表1-2　1958—1978年湖南省学前教育基本情况数据①

年份	幼儿园数/所	在园幼儿数/人	教职工数/人	
			合计	教养员
1958	55 393	1 931 481	153 672	94 749
1959	48 706	1 036 273	79 976	51 024
1960	47 780	1 547 363	94 750	61 602
1961	717	43 218	6 127	1 647
1962	380	28 351	—	—
1963	359	29 981	3 949	931
1964	376	28 555	3 985	1 007
1965	370	29 641	3 657	954
1966	554	30 932	3 753	2 502
1967	567	31 107	3 486	2 324

① 田景正，周丛笑，刘美罗.湖南省学前教育发展研究[M].长沙：湖南科学技术出版社，2010：4.

新中国成立以来湖南省农村学前教育发展研究

年份	幼儿园数/所	在园幼儿数/人	教职工数/人	
			合计	教养员
1968	548	29 950	3 484	2 324
1969	570	30 074	3 456	2 304
1970	682	37 033	3 766	2 510
1971	3 216	78 235	6 794	4 528
1972	4 755	131 687	11 361	7 574
1973	3 148	100 659	8 927	4 932
1974	3 323	98 630	9 661	6 584
1975	9 664	227 354	16 344	9 458
1976	27 531	621 868	39 318	26 968
1977	10 972	312 071	20 409	10 696
1978	7 971	262 143	17 344	9 928

一、湖南省农村学前教育大跃步

1958年，农村幼儿园进入了一段飞速发展的时期。湖南省也积极响应党和国家的号召，提出依靠群众大量发展农村学前教育机构。

1958年6月，湖南省教育厅发布了《湖南省教育厅关于农村幼儿教育工作的通知》，通知明确提出："如果能社社办幼儿班、村村办幼儿组，大力发展农村幼儿教育事业，把所有的学前儿童组织起来，由少数人看管和教育，就可能使300万孩子的母亲摆脱孩子的拖累，全力投入生产，这对解放劳动力不足的问题，促进农业生产大跃进有着重大意义。"湖南省学前教育"大跃进"轰轰烈烈开展，全省各地掀起一波举办农村幼儿园和托儿所的热潮。如湖南省桃江县大粟港公社就提出"5天实现托幼化"。1958年《湖南教育》杂志上发表的一首儿歌形象地展现了这一波热潮："建立幼儿园，好处实在多，孩子有老师，长得健康又活泼，孩子园里玩得好，妈妈安心做农活，母亲出工勤，社里生产多，保证农业大跃进，保证孩子的安乐，妈妈们！快把孩子送进幼儿园,快为本队来把红旗夺!"①1958年,时任湖南省教育厅厅长方用在长沙女师幼师班应届毕业生实习总结会上明确指出:"随着生产的发展,幼儿教育已经变成教育事业的重要组成部分。"他还指出:"我们提倡幼儿教育,普及幼儿教育,不是为了普及而普及,是为了生产而普及,为了促进生产。"②

1957至1958年,仅一年时间,湖南省幼儿园数量猛增到55 393所,在园幼儿人数达1 931 481人,教职工人数153 672,相比1957年的数据,幼儿园数量暴增至约248.4倍,在园幼儿人数暴增至约117.6倍,教职工数暴增至约72.1倍。短短一年时间幼儿园数量猛增200多倍的现象,在今天看来也是难以想象的,当时的经济发展水平显然无法支持兴办如此规模数量的学前教育机构。由于其中半日制和季节性的幼儿园居多,大部分农村公社幼儿园和托儿所设施设备极其简陋,临时找一些老人看管幼儿,没有师资质量可言,而且幼儿年龄参差不齐,很不稳定,因此这种"三天托儿化"的速成幼儿园显然无法长久维持。有的幼儿园或幼儿班纯粹是为了应付检查或参观,一夜之间办起来的。再加上当时农村存在"浮夸风",也无法排除当时的统计数据可信度不高或失实的情况。

教育大跃步不可避免地带来了一系列的问题,特别是带来了快速扩张导致的教育质量跟不上的问题。1959年1月,中共中央书记处指出:当前的教育要在调整的前提下巩固和提高。湖南省也积极响应,并在全省开展对教育事业的调整和整顿。1959年,湖南省幼儿园数量由1958年的55 393所缩减到48 706所,在园幼儿人数由1958年的1 931 481人减少到1 036 273人,教职工人数由1958年的153 672人降低到79 976人。

为了提高学前教育机构的保教质量,促进幼儿教育事业的高质量发展,1960年11月,湖南省教育厅在湖南省桂阳县召开了全省幼儿教育工作经验现场会,研究如何巩固和提高幼儿教育的质量问题,并通过现场会发挥示范和指导作用。会议做了"高举毛泽东思想旗帜,大办和办好幼儿教育事业,更好地为生产服务"的报告,并介绍了桂阳县举办幼儿园的经验,组织参会

① 长沙女师沙田乡实习小组. 快把孩子送进幼儿园[J]. 湖南教育, 1958(12): 15.

② 佚名. 幼儿教育的新方向: 省教育厅方用厅长对长沙女师应届毕业生报告摘要[J]. 湖南教育, 1958(12): 14.

人员参观了桂阳县县城和农村举办的 10 所学前教育机构。① 但可惜的是本次会议没有收到预期的效果。

1961 年，教育部进一步提出"幼儿园的发展，宁可慢些、少些，但要好些"。在国家政策的指导下，湖南省也开始对全省幼儿园进行进一步的调整和整顿，1961 年，湖南省巩固下来的幼儿园数量减少到 717 所，1962 年进一步缩减到 380 所，虽然数量上大幅减少，但质量有了保障。湖南省农村幼儿园采取保留、撤销、充实等手段进行调整，经过 1961 年到 1962 年的调整与整顿，农村幼儿园数量大幅回落，由公社举办的农村集体制幼儿园大多下马、停办。连曾被评为"全国先进单位"的沅江县草尾镇幼儿园，也仅剩下 6 名幼儿，不得不宣布停办。② 之后几年一直到"文化大革命"之前，湖南省的学前教育发展都较为稳定。

二、湖南省农村学前教育小发展

1966 年，湖南省的学前教育事业总体上发展缓慢。"文化大革命"后期，由于"农业学大寨""教育学大寨"口号的提出，农村男女劳动力都投入到农田基本建设和农业生产中，"大跃进"后停办的农村公社幼儿园又纷纷恢复，还开办起了"红孩班"，湖南省农村幼儿园数量再一次大幅增加，农村学前教育迎来了一波小发展。

例如，株洲县农村 1972 年试办"红孩班"7 处，共 8 个班，招收幼儿 227 人。1973 年，衡山县要求下属每个生产队都要办一个"红孩班"。1974 年，郴州临武、资兴等县的小学，允许学龄儿童带着不足学龄的弟弟妹妹入学编成"红孩班"。1974—1976 年，醴陵县农村各生产队"红孩班"数量增长迅速，由 1974 年的 11 个班增加到 1976 年的 1 394 个班，入班幼儿由 515 人增加到 27 790 人。③

1971 年，湖南省幼儿园数量共计 3 216 所，相较 1970 年的 682 所，增长了约 3.7 倍；在园幼儿人数 78 235 人，相较 1970 年的 37 033 人，增长了约

---

① 唐之享. 人生的奠基石：湖南学前教育发展战略研究[M]. 海口：南方出版社，2011：10.
② 湖南省地方志编纂委员会. 湖南省志·教育志[M]. 长沙：湖南教育出版社，1995：93.
③ 湖南省地方志编纂委员会. 湖南省志·教育志[M]. 长沙：湖南教育出版社，1995：93-94.

1.1 倍；1975—1978 年达到一个小高峰，1975 年的幼儿园数量为 9 664 所，约是 1974 年的 2.9 倍；在园幼儿人数 227 354 人，约是 1974 年的 2.3 倍；1976 年幼儿园数量飙升到 27 531 所，在园幼儿人数猛增到 621 868 人。[①] 其间幼儿园数量增长的主体就是农村幼儿园。1966—1978 年湖南省幼儿园数量变化情况见图 1-1。

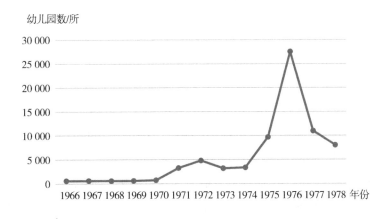

图 1-1　1966—1978 年湖南省幼儿园数量变化情况

三、农村学前教育师资与保教活动

20 世纪 50 年代末至 60 年代初，"大跃进"和人民公社化运动时期，由于农村学前教育规模增长迅猛，农村学前教育师资严重短缺，不得不采取突击培训和降低要求等措施扩充农村学前教育师资队伍。1958 年 6 月发布的《湖南省教育厅关于农村幼儿教育工作的通知》中指出"幼儿教育师资条件不能要求过高，应就地取材。幼儿班的师资可以由妇女推选，或由老年人、缺乏劳动力的妇女担任"。

1958 年，方用在长沙女师幼师班应届毕业生实习总结会上做了题为"幼儿教育的新方向"的报告，报告中提道："难道我们能够等待办了更多的幼儿师范有了更多的师范生才来着手普及幼儿教育吗，这种意见是非常迂腐的。"同时进一步指出："过去女师学生多下城市下机关做教养员，今天形势不同，

---

①　田景正，周丛笑，刘美罗. 湖南省学前教育发展研究［M］. 长沙：湖南科学技术出版社，2010：6.

要面向广大劳动人民，面向农村，为生产服务。为了加强对乡社的学前教育工作的指导和幼儿教育师资的培养，一个乡的中心完全小学可以办一个中心幼儿园，师资可以配强一点，国家稍许补贴一些，中间有了这层力量，县里的辅导工作就好做了。"①

1959 年 2 月 16 日，经中共湖南省委同意，湖南省长沙女子师范学校更名为湖南省幼儿师范学校，旨在培养一大批高素质的幼儿教师。湖南省各地还广泛招收回乡的初中、高中毕业生以及甚至只有小学文化的农村青年妇女，开展几个月的短期培训后，就匆匆安排他们到学前教育机构上岗。各地采取"县训与社训、长训与短训、集中与分教、突出与经常结合"的方式，培养农村幼儿教师，旨在帮他们掌握基本看护幼儿的技能和教学方法。这些突击培训上岗的幼儿教师是当时农村幼儿教师的主体。如湘阴县于 1959 年就提出，一年内要培养幼儿园教师（包括园长）2 500 人以上，在文化程度方面要求其中的 20% 达到初小毕业水平。培训方式包括集体训练和个别辅导，集体训练又可分为短期训练班和长期训练班两种。短期训练班包括公社自办的训练班、县分片办的幼师轮训班、县里召开的幼儿园园主任训练会等，长期训练班则主要是各公社师范学校下设的幼儿园师范班。②

虽然当时的农村幼儿园幼教师资普遍质量不高，但也涌现了一批优秀的农村教养员。例如，溆浦县山区公社的妇女主任杨桂秀，是一个没有带孩子经验的十七八岁年轻姑娘，但她主动承担起了公社新建幼儿园的教养员工作，积极学习、踏实肯干，受到了公社广大群众的好评与支持，还获得了溆浦县甲等模范教养员的称号。杨桂秀作为幼儿教师，文化底子并不好，刚摘掉文盲帽子不久，而且没有带孩子的经验，但是为了做好幼儿园的工作，主动学习。她自学了很多歌舞，还以公社为素材自编儿歌和顺口溜，自制幼儿玩具，自编幼儿游戏，如孩子们都很喜欢的"播种机歌""种豆子歌""小火车小飞机""母鸡爱小鸡"等歌舞和游戏。日常给孩子们讲故事，教育幼儿热爱毛主席，热爱解放军，热爱自己的家乡；带孩子们去扯猪草，给社里作饲

---

① 佚名. 幼儿教育的新方向：省教育厅方用厅长对长沙女师应届毕业生报告摘要[J]. 湖南教育，1958(12)：14.

② 湘阴县教育科. 湘阴县 1959 年幼教工作规划（草案）[J]. 湖南教育，1958(18)：20.

料，教育幼儿爱劳动。①

20世纪50年代至60年代，湖南省农村地区的全日制和寄宿制幼儿园很少，只是在人民公社化运动时期，全省各地才由生产队或人民公社办起了一批季节性的幼儿园、全日制或寄宿制的幼儿园。这一时期农村幼儿园的保教活动也具有典型的时代性，不管是农村生产队举办的季节性幼儿园，还是公社举办的全日制或寄宿制幼儿园，其保教工作大多只有"养"没有"育"，还停留在看管、照管孩子的层面，几乎没有正规的幼儿教育活动。还有一部分幼儿园则是模仿小学教学内容，开展识字、算术、讲故事等活动。但也有部分保教工作开展得比较好的地区，如湘阴县就提出幼儿园的教学需紧密与生产劳动相结合，要结合幼儿的年龄、特点，每个幼儿园可以设立"娃娃农场"和"娃娃饲养场"。幼儿园开展生产，既可以给幼儿进行劳动教育，又可以用来改善幼儿生活，一举两得。湘阴县还组织编写了包括教师学习资料、儿童教材(诗歌、故事、游戏、舞蹈、歌曲等主题内容)在内的幼教工作参考资料。

"文化大革命"期间湖南省农村也兴办了一大批幼儿园和"红孩班"，一般附设在小学内，配有专职的民办幼儿教师，由生产队记工分，由小学统一领导。当时兴办的这些农村幼儿园或"红孩班"受时代大背景的影响，除开设了语言、算术这类基础知识课以外，还特别开设了以下课程：毛泽东思想课或政治课，学习毛主席语录；革命文艺课，学习革命歌曲和舞蹈；军体课，开展体育活动和劳动教育。

湖南省在1973年、1975年、1976年先后编写了三套幼儿教材，涉及故事、儿歌、音乐、体育、计算、美工等内容。其中故事、儿歌主要取材于歌颂毛主席等老一辈无产阶级革命家的功绩，如《毛主席视察长江》《朱德爷爷的故事》《雷锋的故事》等，同时还融入了简单的科学知识、优良品德教育内容。音乐、体育教材主要包括幼儿音乐游戏、歌曲、舞蹈动作、体育游戏、体操等内容。②

---

①　溆浦县教育科. 模范教养员杨桂秀[J]. 湖南教育，1958(13)：19-21.

②　娄玛. 省新编幼儿教材简介[J]. 湖南教育，1979(6)：26.

四、湖南省各地发展农村学前教育的实践探索

(一)桂阳县发展农村学前教育的经验

1960 年 11 月,湖南省教育厅在湖南省桂阳县召开了全省幼儿教育工作经验现场会,会上介绍了桂阳县发展学前教育的经验,并组织参会人员参观了桂阳县城和农村举办的 10 所学前教育机构。桂阳县发展农村学前教育的经验主要有以下几点:

1. 建立多层级辅导机构,落实辅导工作

层层建立学前教育机构,组织专门干部成立学前教育辅导站,并抽调 17 名青年女教师担任专职辅导员,将辅导工作落实到每个大队,辐射全县所有学前教育机构。积极发掘各个幼儿园的优秀办园经验,并加以推广,如幼儿园结合生活实际自编的教材、儿歌等。

2. 因地制宜,节俭办园

农村幼儿园办园条件大多比较简陋,桂阳县鼓励幼儿园因地制宜,节俭办园。例如,就地取材用竹筒给幼儿做水杯;夏天农村蚊虫多,就自制脚踏风扇赶蚊虫;发动家长、老师、中小学生利用竹子、稻草、高粱、泥巴、废纸、布料等自然材料或废旧材料,给幼儿制作玩具。

农村幼儿园会组织幼儿参观公社食堂、公社敬老院、农田和菜地,结合日常生活实际开展教育活动。针对房舍条件简陋的情况,就组织幼儿多开展户外活动,如在户外劳动、游戏、唱歌跳舞等。①

(二)湘阴县白沙乡发展农村学前教育的经验

湘阴县是湖南省第一个普及学前教育的县,《湘阴县 1959 年幼教工作规划(草案)》中提道"目前为止,全县已办起了 1 253 所幼儿园,入园儿童达65 678人,全县 80% 以上 3—7 岁的幼儿都已经受到了学前教育",并提出

---

① 唐之享. 人生的奠基石:湖南学前教育发展战略研究[M]. 海口:南方出版社,2011:13-14.

"在一年内进一步巩固和提高现有幼儿园,并要求全县范围内凡年满3—7岁的健康幼儿,100%入园"。规划还要求每个公社在1959年2月之前必须制订本公社的幼教发展规划,布置和安排好幼儿园工作,并解决幼儿园的诸如经费、设备、教师等具体问题。为掀起全县幼教工作的更大跃进,宣传幼儿教育和反映幼教工作情况,湘阴县组织多部门联合主办了《湘阴幼教》杂志,自1959年1月起,每两月出刊一次。[①]

白沙乡是湘阴县第一个普及学前教育的乡,其发展农村学前教育的经验主要有以下几点:

1. 加强组织领导,提前制订规划,定期检查评比

白沙乡各农业社的学前教育工作都是党支部书记领导,由农业社干部组成幼儿管理委员会,乡、社党委把学前教育工作列入常规议事日程,布置、检查、评比、总结也都会包含学前教育工作,从乡到社的幼儿园都制订了发展规划。由公社幼教工作协作小组定期进行检查、评比,总结推广先进经验。

2. 广泛宣传,发动群众

利用各种大会、小会、电话会、辩论会、文字宣传等多种形式,在群众中开展广泛宣传教育,让大家明白举办幼儿园的目的、任务,并将幼儿园工作与生产紧密结合,解放妇女劳动力,各农业社之间还会评比幼儿入园人数。宣传效果显著,积极发动了群众,白沙乡的幼儿园场地和设备绝大多数都是群众自己动手建设和筹备的。

3. 重视师资的选拔与培训,完善工作制度

白沙乡的幼儿教养员大多都是从群众中选拔出来的思想好、工作好、品质好、劳动好、有文化的青年妇女,白沙乡对她们进行分批培训,提高她们的政治觉悟和业务水平,从而提升幼儿园的保教工作质量。幼儿园还建立了完善的工作制度,如批评、表扬制度,有利于不断改进和提高工作质量;教养员工资制度,采用常年包工,由受托户承担工分,保障了教养员的工资收入。

---

① 湘阴县教育科. 湘阴县1959年幼教工作规划(草案)[J]. 湖南教育,1958(18):20-21.

4. 勤俭办园

针对农村经济状况，提倡节俭办园，做到用钱少，办得好。幼儿园设备因陋就简，桌椅板凳就地取材，如取自门板、砖头、木板等，幼儿园的家具、玩具鼓励群众从家里带或是教养员自己动手做。还有些幼儿园自己种地种菜，以弥补经费的不足。[①]

（三）湘阴县赛马幼儿园办园经验

赛马幼儿园是湘阴县卫星人民公社第五营的幼儿园，全园有幼儿93名，工作人员8名。1958年10月卫星人民公社成立，10月底就成立了赛马幼儿园，办园一个多月就取得了很好的成绩，深受群众喜爱。结合赛马幼儿园的办园经验，总结了几点在农村创办幼儿园的关键：

1. 以园为家，勤俭办园

营部为幼儿园准备了宽敞、安全的房屋，选派了可靠的幼师、保育员，工作人员都住在幼儿园里，专心一意办好幼儿园。年龄较大的工作人员养猪、种菜、晒干菜等，保障幼儿的营养；年轻的姑娘给孩子们唱歌、跳舞、说歌谣，带孩子们去捡稻粒喂鸡、喂鱼。

赛马幼儿园家具齐备，床铺、桌子、凳子、衣柜、碗橱、脚盆、提桶、被子等全都是家长自备或是群众支援的，没有一件是新置的。

2. 全力保障幼儿生活，丰富日常活动

办好寄宿制幼儿园，必须把幼儿的吃、穿、睡等具体生活安排好，让幼儿和家长都能安心。赛马幼儿园保证每天三餐按时让孩子们吃上热饭、热菜，为了让孩子们吃得好，特意留心孩子们喜欢吃的菜，把萝卜、白菜换着花样做，用高粱、红薯做点心。工作人员轮流值夜班，给孩子们盖被子，提醒他们上厕所，保证孩子们能睡好觉。工作人员不仅教育幼儿爱清洁、讲卫生，还给孩子们创造良好的环境卫生条件，专门布置了符合幼儿特点的安全、卫生的厕所，公社医院的同志还经常到幼儿园指导卫生工作。赛马幼儿

---

① 长沙女师实习小组. 幼儿教育，遍地开花：湘阴县白沙乡幼儿教育工作经验[J]. 湖南教育，1958(12)：15.

园工作人员耐心、细致的照顾使得家长们真正放了心。

赛马幼儿园由公社投资养了鸡、兔子、猪，水塘养了鱼，房屋周围种了菜，这些不仅可以改善孩子们的伙食，还便于开展劳动教育，把劳动融入日常游戏当中，真正做到教育与生产劳动相结合。①

（四）桃源县三汊港公社发展幼儿教育的经验

桃源县三汊港公社从 1969 年开始兴办幼儿教育，经过 10 年的努力，到 1979 年全县 5 367 名婴幼儿中 95% 的幼儿入园和入托，有幼儿班 187 个，托儿所 92 个。三汊港公社的幼儿教育不仅普及率高，质量也很不错。例如，周湾大队幼师周碧霞负责的幼儿班，孩子们爱团结、懂礼貌，待人接物大方得体，能演出 10 多个节目，会体操、武术、舞蹈等多项技能，幼儿毕业的时候已经能认写 100 多个汉字，迅速运算 20 以内的加减法。三汊港公社发展幼儿教育的经验主要有以下几点：

1. 公社党委重视，上下一心办幼教

公社党委一致认为农村办幼教不仅有条件，且十分必要。为清除大家的顾虑，增强全社的信心，公社党委组织全公社干部群众结合实际摆事实、讲道理，算好办幼教这笔账。一是人才账，抓好幼儿教育有助于公社幼儿的健康发展，促进他们成人成才；二是损失账，未兴办幼儿教育的时候，由于无人照管，公社仅 3 年间就发生了因儿童玩火引发的火灾 97 起，非正常死亡的儿童 58 人，而这些损失本来是可以避免的；三是劳力账，兴办幼儿教育可以解放妇女生产力，可以给全公社增加投工 225 000 多个。这样一来，大家都积极赞成办幼教，领导重视、群众支持，为三汊港兴办幼儿教育打下了坚实的基础。

2. 重视幼儿教育师资队伍建设

三汊港公社一开始办幼教的时候，有的大队、生产队照顾性地让"老弱病残"担任幼师，结果就是幼师不会管、不会教，幼儿不愿来，来了也是自由散漫，还有的幼师质量低下的幼儿班，甚至时办时停。公社党委及时调整

---

① 黄素绥. 一个好幼儿园[J]. 湖南教育，1958(18)：22-23.

办学要求，明确规定必须挑选思想好、热爱幼教且有一定文化的同志担任幼师，幼师选拔要大队党支部研究同意，报公社审查备案。为了提高幼师的教学水平，公社每月还会组织幼师开展两到三天的学习培训，每季度请有经验的教师讲课，每年年底集中办半个月的短训班，选拔优秀教师到幼师班进修，进修回来再给其他幼师培训。建立幼儿教研组，制订教学规划，开展教研活动。经过一系列举措，公社幼师业务水平提升显著，全社幼师都能教学拼音、排演节目、组织儿童活动。同时公社党委还经常向干部群众宣传当幼师辛苦、当幼师光荣的思想，保证幼师的经济待遇，加强思想教育工作，帮助他们克服"自己有文化，何必教娃娃"的落后思想，提升革命事业心和教育责任感，使他们都能乐教爱教，更好地做好本职工作。①

---

① 熊成淑. 三汊港公社十年办幼教[J]. 湖南教育，1979(6)：24-25.

第二章

1979—2010 年湖南省农村
学前教育的发展

1978 年 12 月，十一届三中全会的召开标志着我国进入改革开放和社会主义现代化建设新时期，与此同时，对教育也提出了新的要求，湖南省学前教育也随之进入了新的历史发展时期。

第一节 湖南省农村学前教育发展基本情况

改革开放后，湖南省农村学前教育事业逐步恢复和发展。湖南省历来重视农村学前教育的发展，也取得了许多突出的成绩。

改革开放初期，湖南省农村学前教育规模较大，1979 年，在全省各地新成立的托幼工作领导小组和儿童少年工作委员会的积极领导和推进下，湖南省学前教育事业迎来了新发展，在这期间，农村小学附设的学前班发展尤为迅猛。1980 年，全省幼儿园发展到 15 295 所，比上年增长约 76.1%，设在农村的有 12 495 所，占比约 81.7%；在园幼儿发展到 891 729 人，比上年增长约 1.4 倍，农村在园幼儿 769 252 人，占比约 86.27%；幼儿园教职工发展到 39 892 人，其中农村 27 844 人，占比约 69.80%。全省农村有 60% 的大队举办了幼儿班，其中附设在小学的幼儿班和学前班的班数达到 13 872 个，入班幼儿人数多达 30 余万人。其中湖南省桃江县、岳阳县、株洲县、长沙县基本实现了队队有幼儿班，衡山县、郴县、双峰县、醴陵县、临湘县等也实

现了约 80% 的大队办有学前班。^①

20 世纪 70 年代，国家开始推行计划生育政策，1982 年，党的十二大把计划生育确定为基本国策。随着计划生育政策的全面实施，适龄幼儿人数大幅下降，农村学前教育规模也随之缩减。从 20 世纪 70 年代末开始，湖南省明确提出以小学教育为重点，稳步发展初中教育，控制高中教育规模的指导思想，对全省农村教育进行了大刀阔斧的调整。此外，1986 年《中华人民共和国义务教育法》颁布之后，湖南省各地教育工作的重点专注于普及九年制义务教育，各种教育资源也大幅向九年制义务教育倾斜。特别是乡镇农村地区，原本财力物力就有限，余下能分配到学前教育上的资源越发稀少，再加上经济体制改革的推进，原有的农村集体举办的幼儿园大幅减少。这种情况一直持续到 20 世纪 90 年代末，随着湖南省农村地区九年制义务教育普及工作基本完成，再加上全社会对学前教育的进一步关注，在教育政策的引领下，湖南省农村学前教育迎来新一波发展的机遇。1979—2008 年湖南省农村学前教育事业发展的具体数据见表 2-1。

表 2-1　1979—2008 年湖南省农村学前教育事业发展数据^②

年份	幼儿园（班）数			在园幼儿数			教职工数		
	合计/个	农村/个	农村占比	合计/人	农村/人	农村占比	合计/人	农村/人	农村占比
1979	13 538	10 147	74.95%	368 296	272 911	74.10%	20 576	10 288	50.00%
1980	31 253	27 194	87.01%	891 729	769 252	86.27%	39 892	27 844	69.80%
1981	17 059	12 923	75.75%	517 593	388 137	74.99%	25 905	13 429	51.84%
1982	13 231	8 608	65.06%	389 196	249 412	64.08%	22 692	8 988	39.61%
1983	14 381	9 149	63.62%	400 400	250 400	62.54%	25 765	9 326	36.20%
1984	21 678	15 138	69.83%	585 591	397 853	67.94%	32 971	15 226	46.18%
1985	27 465	20 398	74.27%	708 342	504 685	71.25%	38 900	20 739	53.31%
1986	31 461	23 194	73.72%	792 953	540 374	68.15%	40 561	21 503	53.01%

①　湖南省地方志编纂委员会. 湖南省志·教育志 [M]. 长沙：湖南教育出版社，1995：94-95.
②　田景正，周丛笑，刘美罗. 湖南省学前教育发展研究 [M]. 长沙：湖南科学技术出版社，2010：103-105.

年份	幼儿园（班）数			在园幼儿数			教职工数		
	合计/个	农村/个	农村占比	合计/人	农村/人	农村占比	合计/人	农村/人	农村占比
1987	30 479	21 956	72.04%	835 182	571 404	68.42%	40 442	21 100	52.17%
1988	31 522	23 190	73.57%	847 410	588 369	69.43%	35 270	15 764	44.70%
1989	32 062	23 759	74.10%	860 945	602 975	70.04%	36 699	16 878	46.00%
1990	35 029	26 702	76.23%	923 740	664 615	71.95%	39 068	19 471	49.84%
1991	37 510	27 311	72.81%	1 041 573	701 830	67.38%	47 761	25 743	53.90%
1992	40 042	29 724	74.23%	1 129 874	777 537	68.82%	52 068	29 333	56.34%
1993	42 144	31 449	74.62%	1 217 993	844 618	69.35%	52 920	30 911	58.41%
1994	42 507	31 843	74.91%	1 278 900	895 879	70.05%	52 457	31 279	59.63%
1995	42 809	29 757	69.51%	1 315 926	853 428	64.85%	53 360	29 115	54.56%
1996	41 175	26 751	64.97%	1 172 659	713 567	60.85%	51 818	25 830	49.85%
1997	38 957	22 695	58.26%	948 034	496 909	52.41%	48 986	21 951	44.81%
1998	33 788	19 000	56.23%	748 215	363 601	48.60%	43 957	19 116	43.49%
1999	29 577	16 295	55.09%	643 161	295 732	45.98%	39 678	15 903	40.08%
2000	29 896	15 934	53.30%	628 744	284 142	45.19%	39 790	15 293	38.43%
2001	25 903	16 709	64.51%	600 570	319 879	53.26%	28 019	9 530	34.01%
2002	23 747	14 999	63.16%	569 064	294 293	51.72%	28 667	8 512	29.69%
2003	25 723	14 949	58.12%	657 070	315 972	48.09%	34 948	9 777	27.98%
2004	24 338	13 043	53.59%	651 089	284 750	43.73%	35 829	8 868	24.75%
2005	30 987	15 847	51.14%	821 685	372 476	45.33%	37 864	13 421	35.45%
2006	31 065	15 871	51.09%	887 452	408 018	45.98%	42 932	8 120	18.91%
2007	31 601	14 277	45.18%	937 576	385 959	41.17%	49 181	8 961	18.22%
2008	34 587	15 295	44.22%	1 059 470	439 285	41.46%	58 230	12 222	20.99%

对这一时期湖南省农村学前教育事业发展的具体数据进行分析，可以发现：1979—1980 年，湖南省幼儿园（班）的数量和幼儿在园人数大幅增加，幼儿园（班）的个数从 13 538 个猛增到 31 253 个，数量增长的主要贡献就是来自农村幼儿园（班）数量的增长，农村幼儿园（班）的个数从 10 147 个猛增到

27 194 个，占据了这一年增量的约 96.23%；在园幼儿人数从 1979 年的 368 296 人增加到 1980 年的 891 729 人，农村在园幼儿人数更是从 1979 年的 272 911 人增加到了 1980 年的 769 252 人，农村在园幼儿人数增幅占比达到了全部在园幼儿人数增幅的约 94.82%。这一数量的猛增主要是受到了 1979 年全国托幼工作会议上提出的要在农村大力发展农忙托幼组织这一指导思想的影响。1981 年，由于认识到匆匆上马的农村学前教育机构的质量大多较低，1981—1985 年，在调整、巩固、提高质量的政策方针的指引下，湖南省农村幼儿园(班)的数量大幅回落，大量达不到基本质量要求的农村幼儿园(班)纷纷关停，农村学前教育规模大幅缩减。经过长时间的发展，全省在园幼儿人数一直到 1990 年才又超过 1980 年的水平，到 1995 年达到该时期的峰值 1 315 926 人，而农村在园幼儿人数则直到 1992 年才超过 1980 年的数量，并在 1994 年达到这一时期的峰值 895 879 人。从 20 世纪 90 年代中期开始，湖南省幼儿在园人数开始回落。这一数据的变化一方面与适龄幼儿数量的增减趋势相关，另一方面也受到其他一些统计因素的影响，如农村民办幼儿园很多没有进行登记，农民工孩子大量跟随父母进城，等等。

岳阳市平江县板江乡的学前教育发展是 21 世纪初湖南省农村学前教育发展的一个缩影。这一时期农村出生人口呈下降趋势，学龄前儿童数量明显减少。板江乡人口不足 1.4 万，分布在 73 平方千米的山林之中，且无一村年出生人口在 20 人以上。由乡计划生育办提供的 1999—2001 年各村出生人口数据显示：人口出生率呈下降趋势，板江乡共 17 个村，2001 年全乡出生人数是 89 人，比 2000 年减少 35 人，比 1999 年减少 51 人。除了出生人口数量下降，生源不足，偏远农村地区还存在居住分散、生源不集中等问题，导致农村幼儿园(班)开班办班困难加大。① 农村适龄幼儿人数的减少对农村学前教育的发展冲击很大，农村幼儿入园(班)人数及农村幼儿所占比例都明显下降。

此外，农村学前教育质量长期落后于城市地区，城乡教育资源分配极不平衡，农村的条件性资源和素材性资源都相对不足。农村幼儿园普遍缺乏专业的学前教育师资、儿童文学书籍、教学音像设备等教育资源，农村社区资源如图书馆、展览馆、科技馆等公共设施几乎没有。有数据显示，2003 年，

---

① 李向东.农村幼教现状堪忧[J].湖南教育，2004(2)：8.

湖南省农村在园(班)幼儿数占全省在园(班)幼儿总数的比例约为 48.09%，而农村幼儿园的图书存量和音像材料数量分别只占到全省的 8.16% 和 17.46%。不仅如此，农村学前教育办学经费也一直处于短缺状态，2001—2006 年来，湖南省政府对学前教育的投入急剧下降，自 2001 年后政府对幼儿教育的投入已降到很低水平，2003 年预算内学前教育经费支出仅约占预算内教育经费总支出的 0.31%；另一方面，农民收入增长迟缓，农村学前教育以民办为主体的办学模式，由于农民支付不起民办园的学费，也难以扩大规模。2001—2003 年，湖南省农村地区 3—5 岁幼儿入园率仅约 6.6%、6.5% 和 7.5%，而同期城镇地区分别达到了 26.88%、26.78% 和 33.19%。[①]

2009 年 3 月，长沙师范专科学校陈幸军教授带领研究团队对湖南省的学前教育发展现状进行了抽样调查，选取了不同经济发展水平的 6 个地区，包括长沙、常德、郴州、娄底、益阳、湘西自治州的 12 县 9 区，涉及城市幼儿园 32 所、县镇 34 所、乡村 19 所。调查发现，自 2006 年以来，湖南省学前教育事业发展非常迅速，已经形成了"公办为主导，民办为主体"的办园格局，但存在发展不平衡、管理欠规范等问题。调查数据显示，2006—2009 年期间，湖南省农村地区的乡镇中心幼儿园规模发展迅速，以经济发展水平较好的地区——湖南省长沙市为例，该市下辖四县共有 104 个乡镇，建有乡镇中心幼儿园 122 所，每个乡镇至少拥有 1 所以上的中心园。[②]

第二节　湖南省农村学前教育政策与办园体制

一、积极出台政策引领农村学前教育事业发展

1979 年 7 月，全国托幼工作会议召开，会上明确指出要"坚持两条腿走路"，针对我国农村学前教育的发展，还专门提出要在农村"大力发展农忙托幼组织，有条件的社队要举办常年托儿所、幼儿园(班)"，"农村社队园所保

---

① 聂劲松. 农村幼儿教育课程目标与资源探析[J]. 学前教育研究，2006(Z1)：65.
② 陈幸军，王喜海，黄建春，等. 湖南省学前教育发展现状与政策建议[J]. 学前教育研究，2011(12)：18-19.

教人员的待遇，应相当于同等劳动力的报酬。经过培训考核或工作成绩突出的保教人员，其报酬可高于同等劳动力"，"幼儿师范要逐步地为农村社队托儿所、幼儿园代培幼教骨干"。11月，中共中央又向全国批转中共湖南省桃江县委《关于发展农村教育事业的情况报告》，充分肯定桃江县"小学教育、幼儿教育、业余教育一起抓，全面发展农村教育"的经验。为积极响应中央号召，认真传达全国托幼工作会议精神，湖南省于当年12月在长沙召开了首届托幼工作会议，会上指出了湖南省托幼工作存在的问题与困难，提出要采取有效措施办好托儿所和幼儿园。一是加强领导，成立省托幼工作领导小组；二是贯彻中央提出的"坚持两条腿走路"的办园方针，积极发动群众力量；三是加强保教队伍建设，提高保教质量；四是着力解决经费等限制托幼工作发展的突出问题。

会议之后，各地、州、市、县先后成立托幼工作领导小组或儿童少年工作委员会，加强对幼儿教育工作的领导。在强有力的领导之下，湖南省农村学前教育事业发展迅速，各项规章制度进一步健全，办园条件进一步改善，保教质量进一步提升，农村小学附设的学前班发展更是迅速。例如，湖南省长沙县为了提升农村学前班教育教学质量，托幼办发布了《加强全县托幼工作的几点意见》，做出了"责任制要落实、幼儿教师报酬要解决，学前班照样办"的指示，由小学腾出教室办学前班，由大队解决幼师工资报酬，全社会从人力、物力、财力上一起支持农村学前班的建设，捐献经费，添置桌椅，购买玩具。1981—1983年间，全县筹集经费18 000多元，为幼儿班添置新桌椅1 200多套，玩教具4 000多件，有效改善了长沙县农村学前班的办学条件。①

1983年，教育部颁布改革开放以来首个关于农村学前教育发展的指导性文件——《关于发展农村幼儿教育的几点意见》，提出要积极发展农村学前教育。1985年5月，为进一步贯彻教育部《关于发展农村幼儿教育的几点意见》的精神，湖南省教育厅在衡山县召开了关于发展农村幼儿教育工作的研讨会。这次会议重点探讨了如何在农村经济体制改革的新形势下发展农村幼儿

---

① 唐之享. 人生的奠基石：湖南学前教育发展战略研究［M］. 海口：南方出版社，2011：33-34.

教育；如何因地制宜，多层次、多渠道、多形式地普及农村一年制学前教育，建立以农村中心幼儿园为骨干的有中国特色的农村幼教体系；如何充分利用农村现有条件，全面贯彻《幼儿园教育纲要》，对幼儿开展体、智、德、美全面发展的教育，克服广泛存在的"小学化""成人化"教育倾向等问题。此次会议指出，湖南省农村学前教育事业已进入一个新的发展阶段，下一步工作应该把重点放在普及农村一年制学前教育上，在努力提高农村学前教育保教质量的同时，逐步向三年制中心幼儿园过渡，建立起以中心幼儿园为骨干的新的农村幼教体系。会议还要求各地要进一步加强农村学前教育师资队伍的建设，加强对农村学前教育工作的领导，努力开创湖南省农村学前教育工作新局面。①

　　1981—1985 年，在调整、巩固、提高质量的政策方针的指引下，湖南省各地学前教育从实际出发，因地制宜，有条件发展的就继续发展，并注意巩固和提高质量。例如，桃江县在已有经验基础上，进一步发展县域内的幼儿园和学前班，全县有 714 个大队办起了学前班，已办起学前班的大队占全县大队总数的 90% 以上，全县各乡镇全部配备了幼师辅导员，专门制定了幼师辅导员工作制度，定期组织进行集体学习和辅导，并负责培训新的幼儿教育师资。衡山县到 1985 年 5 月已有 274 个村办起学前幼儿班，占比达 85% 以上，入班幼儿 8 190 人，约为农村应入班幼儿总数的 73%。相较于这些发展较好的地区，湖南省范围内的其余大多数市、县则在 1980 年新发展的基础上，采取了调整、巩固的方针，学前教育规模缩减，把发展重心放到了培训学前教育师资和提高学前教育质量上。因此 1981—1983 年，湖南省幼儿园总数分别下降到 6 228 所、4 492 所、2 436 所，较 1980 年均有减少。到 1985 年，湖南省幼儿园及小学附设学前班总数合计共 27 465 个班，在园（班）幼儿共 708 342 人。其中农村 504 685 人，占比约 71.25%。②

　　1986 年，国家教委颁发了《关于进一步办好幼儿学前班的意见》，文件专门提到了农村学前班的发展规划。1987 年 10 月，国家教委召开了全国幼儿教育工作会议，同时联合多部门向国务院呈交了《关于明确幼儿教育事业领

---

① 李玲. 我省召开农村幼儿教育研讨会[J]. 湖南教育，1985(Z1)：7.

② 湖南省地方志编纂委员会. 湖南省志·教育志[M]. 长沙：湖南教育出版社，1995：95.

导管理职责分工的请示》，1988 年 8 月，国务院办公厅转发了国家教委等部门《关于加强幼儿教育工作的意见》，这两个文件成为管理和指导之后学前教育事业的重要文献。为进一步明确湖南省托幼管理工作任务，湖南省教育委员会也于 1987 年 11 月向省政府提交了《关于全国幼教工作会议的汇报提纲》，提出要改革管理体制，加强对幼教工作的领导；完善幼教事业的政策；改进幼儿园收费办法。1988 年 3 月，湖南省人民政府办公厅转发了湖南省教育委员会《湖南省教育委员会关于发展湖南省幼儿教育的报告》，报告分析了湖南省幼儿教育存在的问题，指出农村幼儿教师待遇差，不稳定，极大影响了农村幼教事业的发展；报告也提出了发展幼儿教育的工作要求，根据上级精神，要求农村要以乡（镇）、村集体办园为主，继续巩固发展一年制学前班，有条件的地方也要办好三年制乡（镇）中心幼儿园，同时鼓励支持个人家庭办好幼儿园（班）。

1990 年，在湖南省郴县召开了湖南省农村教育工作会议，会议的主旨是总结 20 世纪 80 年代教育改革经验，部署 20 世纪 90 年代农村教育工作。会议指出，20 世纪 90 年代要努力建设高质量、有特色的湖南基础教育体系，在实施九年义务教育的同时，要进一步抓好幼儿教育，巩固和发展农村一年制学前班，克服"小学化"的倾向。1991 年，国家教委颁布了《关于改进和加强学前班管理的意见》，同年，湖南省教育委员会颁发《湖南省农村学前班管理办法》，进一步明确了农村学前班的管理体制，规定由省教育委员会主管全省学前班的工作，学前班可单独设置，也可由小学附设，还明确规定了教育行政部门和主办单位的职责。同时，该办法对学前班的保教工作、师资队伍、玩教具配备等各项工作提出了明确、具体的要求，特别强调要防止幼儿教育的"小学化"趋向，严禁使用小学一年级教材和把未经审定的教材作为幼儿教学用书。

1994 年 11 月，国家教委基础教育司组织的全国学前班试点工作会议举行，此次会议上，黑龙江、河北、吉林、湖南、天津等省（市）就加强和改进学前班工作的经验进行了广泛深入的交流。时任国家教委副主任柳斌强调要从以下几方面解决农村学前班"小学化"问题：提高农村学前班保教质量，建议包括完善学前班的领导和管理体制，实行幼教、小教协同管理，发挥中心校学前班的辐射作用；编写高质量的学前班教材，规范学前班教师的教学行为；培训好幼儿园园长和幼儿教师；加强检查、督导和评估，更好地指导教师开展学前班的教育教学。[①] 20 世纪 90 年代，我国基础教育的主要任务是在巩固普及小学教育成果的基础上，全面实施九年义务教育。由于当时各地政府的财政状况相对紧张，有限的教育经费绝大多数投入到了普及义务教育工作当中，因此学前教育获得的关注和支持都极其有限，发展也较为缓慢。

迈进 21 世纪后，党和国家加大了对学前教育领域的重视程度，《面向 21 世纪教育振兴行动计划》《中共中央、国务院关于深化教育改革全面推进素质教育的决定》《国务院关于基础教育改革与发展的决定》等有关教育工作的重要政策文件都将学前教育作为教育事业的基础，既为我国学前教育事业的发展提供了政策支持，也指明了发展方向。湖南省也积极响应国家政策，加大了对农村学前教育发展的重视程度和支持力度，密集出台了一系列促进农村学前教育发展的政策文件，积极支持本省农村学前教育发展。2000 年 1 月，《中共湖南省委、湖南省人民政府关于贯彻〈中共中央、国务院关于深化教育改革全面推进素质教育的决定〉的意见》，指出要基本普及全省一年制学前教育。

2001 年 5 月，国务院印发了《国务院关于基础教育改革与发展的决定》，文件明确指出要重视和发展学前教育，加强乡（镇）中心幼儿园建设并发挥其对村办幼儿园（班）的指导作用。2001 年 12 月，时任教育部副部长王湛在全国幼儿教育工作座谈会时指出，随着农村婴幼儿家长受教育程度的提高和城镇化建设步伐的加快，农村群众对学前教育的需求会越来越迫切。要继续努力提高学前三年教育和农村学前一年教育的普及率，要重视发挥乡镇举办学前教育的责任，调动村级举办学前教育的积极性。要大力扶持和发展农村地区，特别是边远、贫困及少数民族地区的学前教育事业，探索因地制宜的学前教育办学形式，通过多种灵活多样的非正规学前教育办学形式，尽可能多地为贫困地区幼儿提供接受学前教育的机会。

2002 年，根据教育部基础教育司的要求，也为了更好地了解当时湖南省学前教育发展存在的新情况和新问题，进一步为湖南省学前教育事业的发展指明方向，湖南省教育厅组织专门力量，在全省范围内开展了大规模的幼儿教育事业发展状况调查研究，形成了《湖南省幼儿教育事业发展状况调研报

---

① 王明晖. 抓住机遇，深化改革，促进幼教事业发展：一九九四年全国学前班试点工作会议综述[J]. 学前教育研究，1995(1)：12-13.

告》，报告指出了"九五"以来湖南省学前教育发展取得的成绩，同时也分析了发展中存在的问题和困难，如保教质量和效益问题，特别提出农村小学学前班"小学化""学科化"现象严重，以及农村幼儿教师身份不明、未纳入人事体制、待遇极其低下等突出问题。

2003年3月，国务院办公厅转发《关于幼儿教育改革与发展的指导意见》，首次明确了地方各级政府在农村学前教育发展中的具体职责，提出由乡（镇）人民政府承担发展当地农村学前教育的职责，负责举办乡（镇）中心幼儿园，并负责筹措经费，改善农村办园条件，县级以上教育部门负责农村学前教育的管理，乡（镇）中心幼儿园园长负责乡（镇）幼儿园保教业务的指导。至此，我国农村学前教育管理体制正式确立，长期以来的地方政府在农村学前教育发展中的缺位问题得以解决。2003年9月，国务院常务会议通过的《国务院关于进一步加强农村教育工作的决定》，明确提出了发展农村学前教育的要求——"重视并扶持农村学前教育的发展"，"充分利用农村中小学布局调整后富余的教育资源发展幼儿教育"。

在国家逐步加大对农村学前教育的关注和支持力度的大背景、大趋势下，湖南省积极响应国家政策，着力布局农村学前教育发展。湖南省教育厅在溆浦县召开了农村学前教育工作经验交流会，介绍了溆浦县发展农村学前教育的优秀经验。2004年2月，《中共湖南省委、湖南省人民政府关于进一步加强农村教育工作的决定》强调要加快发展湖南省农村学前教育，文件要求以乡镇为依托，以政府办园为骨干，以社会办园为主体，公办民办结合，在普及农村学前一年教育的基础上，积极发展农村学前三年教育。2005年，湖南省人民政府在长沙主持召开了幼儿教育工作会议，会上重点介绍了长沙县发展农村学前教育的经验，明确指出要重视发展农村学前教育。这次会议全面部署了"十一五"期间湖南省农村幼儿教育发展的战略目标与工作要求，会议强调各级政府要将发展乡镇中心幼儿园作为农村幼儿教育工作的重点，明确要求人口数在一万以上的乡、镇必须办好一所乡镇中心幼儿园。2008年，湖南省教育厅又颁发了《关于促进农村学前教育发展的指导意见》，意见要求要加快推进湖南省农村学前三年教育的发展，并提出了发展农村学前教育的具体措施：一是建设乡镇中心幼儿园，坚持以公办幼儿园为主体，多种形式办好农村幼儿园；二是设立专项资金，坚持以政府投入为主，积极筹措农村学前教育经费；三是加强农村学前教育师资队伍建设；四是加强对农村学前教育的领导和管理。[1] 这一系列举措的提出为湖南省农村学前教育的发展指明了方向。

湖南省各市、县也积极响应，制定了一系列促进农村学前教育发展的政策，出台了相关文件。例如，永州市零陵区在 2007 年拟订了《零陵区幼儿教育发展规划》，规划中明确提出，每个乡镇要办一所乡镇中心幼儿园，切实解决农村幼儿"入园难"问题。截止到 2010 年，零陵区 12 个乡镇都办起了乡镇中心幼儿园，农村幼儿园总数达到 114 所，同时，建设起了省级示范性幼儿园 2 所、市级示范性幼儿园 6 所，零陵区的学前三年毛入学率达到了 72%，成为永州市唯一一个获评"全省学前教育先进县市区"的区县。[2] 湖南省岳麓区也在 2008 年出台政策，将乡镇中心幼儿园的建设纳入了乡镇"一把手"年度考核，在上级政策的引领和推动下，乡村两级对学前教育的重视程度和办学积极性大幅提升。到 2010 年，岳麓区学前三年毛入园率达到了 86%，远远高于湖南省平均水平。2009 年 9 月，湖南省永州市江华瑶族自治县召开推进建设教育强县工作会议，明确提出未来十年学前教育发展的目标和任务：3—5 岁幼儿入园率要提升到 70% 以上，每个乡镇要建立一所合格的乡镇中心幼儿园，全县要成功申办一所省级示范性幼儿园和一所市级示范性幼儿园。[3]

二、办园体制由一年制学前班向三年制幼儿园推进

改革开放以后，湖南省农村学前教育发展的主要方向是以乡（镇）、村集体办园为主，主要发展一年制学前班，有条件的乡（镇）逐步发展三年制的乡镇中心幼儿园，鼓励社会力量举办农村家庭式幼儿园。

1983 年，教育部发布《关于发展农村幼儿教育的几点意见》，首次明确肯定了农村小学附设一年制幼儿班的形式，此即为学前班。1985 年，湖南省教育厅在衡山县开展的农村幼儿教育研讨会就明确提出，湖南省发展农村学前教育的下一步工作重点，应该放在普及农村一年制学前教育上，在努力提高

① 李红婷. 个体化社会下中国乡村学前教育的发展趋势[J]. 学前教育研究，2013(3)：13.
② 李旭林，李晓峰，刘秋泉，等. 高位均衡之路，农业大区一样能走好：永州市委常委、零陵区委书记高建华访谈[J]. 湖南教育（上），2011(3)：17.
③ 解成华. 少数民族县建设教育强县的思考[J]. 湖南教育（上），2011(6)：37-38.

农村学前教育保教质量的同时，逐步向三年制中心幼儿园过渡，建立起以中心幼儿园为骨干的新的农村幼教体系。

学前班是20世纪80年代初兴起的一种幼儿教育的新形式，既是20世纪70年代"红孩班"的发展与完善的产物，也是湖南省推广桃江县"幼儿教育、小学教育、业余教育一起抓"的经验的产物。例如，湖南省临武县在1980年就普遍办起了学前幼儿班，当年入学幼儿达4 600多人，约占全县农村这一年龄段幼儿总数的83%。农村学前班主要招收5—6岁(或5—7岁)的幼儿入学，学制一年或半年。一年制学前班既为幼儿适应小学学习生活和加快普及小学教育打下了良好的基础，又为家庭减轻了教养幼儿的负担，还缓解了幼儿园数量不足的矛盾，深受广大农村和城镇双职工家庭的欢迎，所以发展速度很快，成了当时湖南省农村学前教育的主要举办形式。当时的学前班也分为两种办学模式：一种是附设在小学内，由小学统一领导和管理，即队办校管，也是湖南省学前班的主要办学形式。学前班的师资多由在职小学教师担任，或聘请已离退休的小学教师担任，也有少数聘请民办幼儿教师担任的。学前班每班设有主任教师一人，有的由主任教师一人包揽全部保教工作，有的由教师分任各项保教工作。学前班经费来源主要是靠收取幼儿学费，以班养班。另一种是由城镇街道或农村行政村单独办理的，这一类学前班数量较少。1985—2008年湖南省学前班具体发展数据及农村学前班数据见表2-2。

表2-2　1985—2008年湖南省学前班发展情况表①

年份	城乡学前班情况					农村学前班情况		
	幼儿园、学前班数		在园(班)幼儿数			农村学前班数/个	农村学前班在班幼儿数/人	农村学前班幼儿数占比
	总数/个	小学附设学前班/个	总数/人	小学附设学前班人数/人	小学附设学前班人数占比			
1985	27 465	17 568	708 342	448 740	63.35%	15 868	391 208	87.18%
1986	31 461	20 009	792 953	525 153	66.23%	23 191	437 864	83.38%
1987	30 479	21 353	835 182	586 163	70.18%	18 252	475 635	81.14%
1988	31 522	22 823	847 410	598 871	70.67%	20 127	501 371	83.72%

---

① 田景正，周丛笑，刘美罗. 湖南省学前教育发展研究［M］. 长沙：湖南科学技术出版社，2010：73-74.

年份	城乡学前班情况					农村学前班情况		
	幼儿园、学前班数		在园(班)幼儿数			农村学前班数/个	农村学前班在班幼儿数/人	农村学前班幼儿数占比
	总数/个	小学附设学前班/个	总数/人	小学附设学前班人数/人	小学附设学前班人数占比			
1989	32 062	23 679	860 945	631 141	73.31%	20 808	529 805	83.94%
1990	35 029	27 524	923 740	716 246	77.54%	24 340	606 505	84.68%
1991	37 510	30 466	1 041 573	843 301	80.96%	24 854	664 530	78.80%
1992	40 042	33 279	1 129 874	923 147	81.70%	28 117	734 565	79.57%
1993	42 144	34 473	1 217 883	1 003 523	82.40%	28 885	792 609	78.98%
1994	42 507	37 275	1 278 903	1 112 113	86.96%	31 843	873 315	78.53%
1995	42 809	37 625	1 315 962	1 152 098	87.55%	28 965	830 762	72.11%
1996	41 175	35 845	1 118 445	1 005 521	89.90%	25 852	682 154	67.84%
1997	38 957	33 975	948 034	810 671	85.51%	22 068	496 909	61.30%
1998	33 788	28 913	748 215	613 516	81.20%	18 399	350 608	57.15%
1999	29 577	24 735	643 101	494 833	76.94%	15 869	284 581	57.51%
2000	29 896	24 055	583 324	466 670	80.00%	15 458	270 391	57.94%
2001	25 903	20 523	600 570	434 493	72.35%	16 070	292 392	67.29%
2002	23 747	17 678	569 064	408 213	71.73%	13 820	270 016	66.15%
2003	25 723	17 472	657 070	429 795	65.41%	13 607	286 701	66.71%
2004	24 338	15 430	651 089	398 331	61.18%	11 510	249 990	62.76%
2005	30 987	18 742	821 685	472 151	57.46%	12 770	296 816	62.86%
2006	31 065	16 550	887 452	484 963	54.65%	15 871	311 179	64.17%
2007	31 601	15 647	937 576	476 196	50.79%	10 492	278 295	58.44%
2008	34 587	16 114	1 059 470	513 035	48.42%	15 295	290 193	56.56%

由表2-2可以发现20世纪80年代中期至20世纪90年代中期，通过学前班这一形式接受学前教育的幼儿占比持续上升，从1985年的约63.35%一路上涨到1996年的约89.9%，这一数据表明在政府政策的支持下，一年制学前班数量稳步增长，也体现了湖南省学前教育供需矛盾突出的问题。一年制学前班在学前教育多种办园形式中的占比处于绝对优势，从另一个侧面表明了湖南省还没有能力举办足够多的三年制幼儿园。例如，湖南省发展农村学前教育的典型代表桃江县，1987年全县768个村，办有547个幼儿园

（班），其中中心幼儿园 51 个，其他主要是一年制学前教育幼儿园（班），入园（班）幼儿 12 000 多人，约占应入园（班）幼儿的 92.8%。①

这一现象直到 20 世纪 90 年代末期才开始有所转变，由于绝大多数的学前班是附设在小学的，为方便管理，学前班开展活动的时间基本与小学上课时间同步，每天 4—5 节课，每节课 40 分钟。这样的上课模式不符合幼儿的身心发展特点，不利于幼儿的健康发展，幼儿坐的时间长，教师管束多，自由活动、户外活动的时间少，动手操作的机会也少。由于学前班在教育教学上存在诸多弊端，且一年制学前班已经无法满足适龄儿童的需要，湖南省逐步推进农村学前教育机构机制改革。2000 年以后，湖南省逐步取消了城镇小学附设的学前班，因此学前班在全省学前教育事业中所占比例显著下降。② 20 世纪 90 年代末期到 21 世纪初期，社会力量办园比例不断加大，农村民办幼儿园数量不断增加，一方面极大缓解了农村学前教育机构的供需矛盾，另一方面也促使了农村学前教育形式由一年制向三年制发展，并推进湖南省农村学前教育事业进入了新的发展阶段。

但是新阶段也面临新问题。城镇地区的学前班逐步取消后，湖南省乡镇及村一级的幼儿园数量逐年增加，3—5 岁在园幼儿的人数也不断增长，但相对城镇地区的入园率来说，农村地区学前三年入园率仍然处于很低的位置。随着农村学前教育机构机制改革的推进，虽然农村幼儿园数量有所增加，但部分农村地区的学前教育管理却较为混乱。公办幼儿园的比例大幅下降之后，某些地区专注于发展义务教育，忽视了学前教育的发展，学前教育发展长期缺乏政策支撑和资金支持。

岳阳市平江县板江乡联校调查发现，自 1996 年农村学前教育管理体制改革之后，板江乡农村学前教育管理混乱，无人重视，随意性大，发展停滞不前。1996 年以前，板江乡的学前教育在联校的统一管理下，幼儿园（班）收费、教材选择和征订，以及幼儿教师选拔、工资发放、考核、奖励培训都有具体的制度和计划。1996 年后，农村幼儿园（班）交归村集体管理，村集体对公办幼儿园（班）采取自负盈亏的管理方式，让幼儿教师个人负责幼儿园（班）

---

① 唐仲扬，段志坚，欧阳勋，等. "不包打"与"不乱打"：桃江教育景观之二[J]. 湖南教育，1987(Z1)：5.

② 李红婷. 湖南幼儿教育的现状与发展建议[J]. 湖南教育，2005(18)：9.

的运营和教育教学，既缺少对幼儿园（班）场地租赁和办公经费等办园经费的资助，也缺乏对幼儿园（班）教育教学上的有效监管。当地公办幼儿园缺乏经费支持，导致设施设备差、教育教学质量低，一些地方出现了个体私人办的民办幼儿园。发动群众力量办园是国家一直以来支持和鼓励的，但令人担忧的是，农村民办幼儿园质量参差不齐。农村出现许多未经审批的"家庭作坊式"民办幼儿园，幼儿园会计、厨师及保育员等基本由幼儿园举办者的家属和亲戚担任，部分幼儿园举办者根本没有幼儿教育相关管理经验，举办幼儿园纯粹就是当作一项生意来经营，只是为了赚钱，这样使得农村幼儿园保教质量更加难以保证。①

办园体制的变革使得湖南省学前教育从"公办为主，民办为辅"转为"民办为主，公办为辅"。在国家政策的支持下，社会力量办园潜力被大大激发，湖南省农村地区民办幼儿园数量大幅增加，一方面促进了湖南省农村学前教育主要办学模式从一年制学前班向三年制幼儿园的快速转变，另一方面有效提升了湖南省学前三年毛入园率。但是这一转变也带来了新的问题，这一时期大量新增的农村民办园几乎都是小规模、家庭式的，民办幼儿园的办园初衷大多是盈利，经济利益和社会效益的天平难以平衡，举办者为追求最大化的经济利益，想方设法缩减办园成本，导致许多民办幼儿园出现了诸多问题，包括超大班额、师幼比极不合理、聘请非学前教育专业甚至无幼儿园教师资格证的人员担任幼儿园教师、教师待遇低下、随意拖欠幼儿教师工资、办园收益很少用于改善办学条件或提升教师待遇、违规收费现象屡禁不止等。② 这一时期开办的农村民办幼儿园还普遍存在着投入不足，办园条件简陋，基础设施不健全，卫生、消毒、安全不规范等问题，幼儿园的饮食也很粗糙，达不到营养标准，农村在园幼儿的安全和健康存在着严重隐患。

有研究者在 2008 年对湖南省某县级市与福建省某县农村地区共 56 所幼儿园，进行了安全隐患方面的相关调查，发现以下突出问题：

一是农村幼儿园选址不当，造成巨大的安全隐患。

调查发现，调查园所中 80% 以上的农村幼儿园在建园选址时并未考虑周

---

① 李向东. 农村幼教现状堪忧［J］. 湖南教育，2004（2）：9.
② 熊跃政. 加快幼儿教育发展，夯实素质教育基石：对如何促进汉寿县幼儿教育发展的思考［J］. 湖南教育（教育综合），2010（1）：30.

边环境的安全问题，从而导致绝大多数的农村幼儿园因为选址不当，带来了诸多安全隐患。对其中 12 所幼儿园进一步实地考察发现，有的农村幼儿园就设置在公路边，距离大马路不足 2 米，幼儿天性活泼好动，存在极大的交通安全隐患；有的幼儿园则设置在农村人流量较大的集镇中心地段，容易造成幼儿走丢或幼儿被拐卖等意外事件；有的选址距离池塘或水库很近，曾发生过幼儿因贪玩而溺水的事故。农村幼儿园选址不恰当的问题大大增加了幼儿安全事故的发生率。

二是农村幼儿园园舍、场地普遍不符合安全规范。

调查对象中约 73.2% 的农村幼儿园未设置幼儿安全疏散通道，普遍存在楼梯狭窄、陡峭，以及出口少等不符合消防安全规范的问题。在进行实地观察的 12 所农村幼儿园当中，有 9 所幼儿园班级活动室与厨房直接相连，容易造成幼儿不小心被热水、热汤烫伤或被厨房炉火烧伤等意外事故。被调查的农村民办幼儿园中，约 92.2% 的园所是由居民用房改建的，普遍存在班级活动室、幼儿寝室的采光、通风条件不好，空气流通不畅的问题，再加上幼儿人多拥挤，容易造成疾病传播。被调查的幼儿园厕所卫生条件也很差，调查对象中约 94.6% 的农村幼儿园没有冲水厕所，仅有 3 所农村幼儿园配置了便于幼儿操作的水龙头，以方便幼儿日常洗手。被调查的农村幼儿园还普遍存在室外活动场地面积狭小、场地大多是硬质泥土地或水泥地，甚至有的还坑洼不平，安全性很差的问题，极易造成幼儿摔伤、擦伤、磕碰伤。

三是农村幼儿园设施设备陈旧简陋，使用中存在安全隐患。

被调查的农村幼儿园都没有配备必要的消防安全设备。分析问卷调查结果发现，幼儿园工作人员缺乏消防安全知识，消防安全意识薄弱。调查中约 89.2% 的园所没有配备专门的卫生消毒设备，厨房卫生条件达不到要求，部分园所存在幼儿混用水杯、毛巾的情况，不符合卫生防疫的基本条件。被调查的农村幼儿园由于经费紧张，自制玩具占主体，但大部分自制玩具都存在材料上和结构上的安全风险，如用红砖和水泥砌的滑梯，坡度较陡，滑梯表面不平整，底部没有缓冲区，安全风险较大。大量的老旧破损玩具没能及时维修或更换，孩子们玩的过程中存在安全隐患。

调查人员与农村幼儿园教师访谈时发现，由于安全隐患多，许多幼儿园教师担心幼儿出现安全事故，把幼儿长时间关在教室内，限制幼儿活动，过度保护幼儿，导致幼儿运动能力发展滞后，缺乏自我保护意识和能力。被调查园所的这些问题在当时的湖南省农村幼儿园普遍存在，究其原因，一是农村地区学前教育经费投入严重不足，担负投入任务的乡（镇）政府财政状况普遍不理想，因此给到农村学前教育方面的经费极少且不稳定，部分地区不仅不投入，还变卖原有的乡镇中心园，改公办为民办；二是缺乏专门针对农村地区的幼儿园建筑设计及办园条件的标准，1987 年发布的《托儿所、幼儿园建筑设计规范》明确指出该规范只适用于城镇幼儿园，对农村幼儿园缺乏约束力；三是当时各级政府和相关教育行政部门对农村幼儿园的监督管理不到位，大量农村幼儿园没有办理登记注册手续，处于无监管状态。[①]

第三节　湖南省农村学前教育师资队伍的发展

改革开放前，湖南省农村学前教育师资队伍普遍存在数量不足、质量不高的问题。一方面，是由于当时学前教育专业师范生数量严重不足，无法向农村提供足够多的合格幼教师资，许多地区的农村幼儿园的幼儿教师只能选取当地返乡的青年、有些文化基础的妇女或初中毕业生担任，甚至有的幼儿园不得不选用在家赋闲的中老年妇女补充农村师资队伍。另一方面，大多数农村学前教育师资都没有经过正规系统的学前教育专业知识和技能的学习，大多数地方教育行政部门只能通过定期组织各种各样的短训班对农村幼儿教师进行培训，突击上岗。

改革开放后，随着政府对学前教育重视程度的提高，从中专到大学本科及研究生的一系列学前教育师资培养体系逐渐建立，为湖南省培养出了一大批合格的幼儿教师，同时对在职幼儿教师的职后培训和继续教育的加强，促使湖南省学前教育师资队伍质量整体大幅提升。

一、农村学前教育师资队伍数量变化情况

改革开放初期，湖南省农村学前教育规模较大，加之在 1979 年全省各

---

① 丁金霞，欧新明. 当前我国农村幼儿园存在的安全隐患、原因分析及对策思考[J]. 学前教育研究，2009(1)：11-13

地新成立的托幼工作领导小组和儿童少年工作委员会的积极领导和推进下，湖南省学前教育事业规模快速增长，特别是农村小学附设的学前班增长尤为迅速，因此农村学前教育教师数量也大幅增长。1980年，全省农村幼儿园教职工人数达到27 844人，比上年增长约1.71倍，农村幼儿教职工占比由50%增长到约69.79%，达到了一个高峰。之后几年，规模逐渐萎缩。1981年，全省农村幼儿园教职工人数减少为13 429人，较上一年减少约51.77%，且农村教职工占比也从上一年的约69.79%减少到约51.84%。1981—1983年，湖南省学前教育师资城乡总体规模较为稳定，但农村学前教育师资规模持续缩减，到1983年农村学前教育师资占比仅约为36.2%，相较1981年，占比缩减将近一半，之后缓慢回升，常年稳定在50%左右。直到1997年，农村学前教育师资规模再次大幅缩减，农村幼儿园教职工数占比从1996年的约49.85%持续下降，到2002年，农村幼儿园教职工数占比仅约为29.69%，2006年农村幼儿教职工数占比仅约为18%。1979—2008年湖南省幼儿园教职工数及农村幼儿园教职工数发展变化趋势见图2-1。

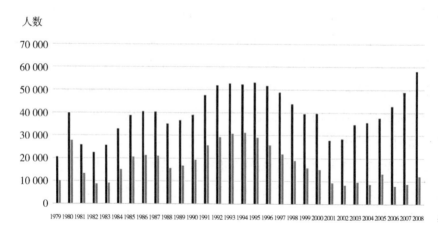

图2-1　1979—2008年湖南省幼儿园教职工数发展情况

深入分析农村学前教育师资队伍规模变化情况，我们发现农村学前教育师资队伍规模的变化与农村学前教育规模的变化是相适应的。一方面是由于当时计划生育政策的实施，导致适龄幼儿人数大幅下降；另一方面是受到普及九年制义务教育工作的影响，各地资源大幅向九年制义务教育倾斜。特别是原本经济状况就紧张的乡镇农村地区，在普及义务教育工作的大力推进下，分配到学前教育上的资源越发稀少，再加上经济体制改革的推进，原有的农村集体举办的幼儿园大幅减少，农村学前教育师资队伍规模也随之大幅缩减。这种情况一直持续到 20 世纪 90 年代末，随着湖南省农村地区九年制义务教育普及工作基本完成，再加上全社会对学前教育的进一步关注，湖南省农村学前教育师资发展才迎来新的曙光。

二、农村学前教育师资队伍专业素养发展情况

农村幼儿教师绝大多数没有接受过专门的幼儿教育方面的培训，不了解幼儿心理发展和幼儿教育相关专业知识，农村学前教育师资队伍整体质量较差。改革开放后，湖南省学前教育师资队伍培养体系建设不断完善，逐步建立起了从中专到大学本科及研究生的学前教育师资培养体系，同时加强了对地方幼儿教师的职前和职后的培训，举办了多种形式的培训班，既有长期的脱产培训，也有短期的业务培训。这一系列措施促进了湖南省学前教育师资队伍整体质量的提升，也促使湖南省农村学前教育师资队伍的整体水平有了显著提高。

（一）扩大幼儿师范学校培养规模，为农村输送学前教育专业师资

1979 年《全国托幼工作会议纪要》中提出"幼儿师范要逐步地为农村社队托儿所、幼儿园代培幼教骨干"。1980 年，时任湖南省教育局副局长刘耀在《切实加强幼儿教育工作的领导》一文中提出"要努力培训幼儿园的园长和保教人员，地、市、县教育部门应该与妇联、工会等部门配合，办好农村幼儿园保教人员的短期学习班"。1980 年，湖南省教育厅在衡阳市创办了湖南省第二所幼儿师范学校——衡阳幼儿师范学校，主要面向湘南各地招生，同时兼招在职幼儿教师，开办了幼儿园园长培训班、两年制的幼儿教育师资班等。之后常德、耒阳、株洲等地的师范学校和湘西吉首民族师范学校等，都曾在 20 世纪 60—80 年代开设一年制和半年制的幼儿教师培训班，专门为所在地区培养幼儿教育师资骨干。虽然大多数的幼儿师范毕业生去到了各地城

镇幼儿园工作，但幼儿师范培养规模的扩大及各种形式幼儿教师培训班的设立，仍然为提升农村学前教育师资质量起到了关键作用。1983 年 9 月，教育部发布《关于发展农村幼儿教育的几点意见》，在意见中明确提出"对未经系统专业训练的幼儿园教师，要有计划地进行培训，力争在 1990 年前，使多数幼儿园教师都受过一定程度的专业培训，并使多数示范性幼儿园、公社中心幼儿园园长和部分骨干教师达到幼儿师范毕业的程度"①。

（二）加强针对在职幼儿教师的专业培训，提升农村学前教育师资质量

各种形式的短期培训班，成了各地提升农村学前教育师资专业素养的主要途径。当时农村地区的学前教育师资大多是回乡的高、初中毕业生，虽然这些毕业生没有经过正规系统的学前教育专业学习，但各地教育部门都有组织多种形式的培训，如县里集中培训、委托县教师进修学校举办长年培训班、以区为单位办短训班、以乡成立中心教研组进行辅导等形式，安排教师在职前职后开展业务学习，提升农村幼儿教师的专业素养。

如湖南省桃江县从 1979 年至 1983 年期间，开办幼儿教师培训班 12 期，共培训幼师 770 人次，培训时间有长有短，长则 1 个月、短则 10 天；湖南省花垣县从 1982 年至 1984 年间举办幼儿教师培训班 7 期，参与培训的幼儿教师达 291 人次，做到了全县 148 名在职幼师，人人受过至少一次以上的专业培训；湖南省双峰县从 1981 年起，在五年内将全县幼儿教师普遍轮训一次，每期开办 2 个训练班，轮训 120 人，训练班开设政治、语文、数学、音乐、心理学、幼儿保健等课程，从县教师进修学校抽调教师承担训练班教学，由县卫生局定期派医生到幼师班教授幼儿保健课；湖南省郴县在 1980 年至 1982 年，由县里举办了幼儿教师培训班 10 期，培训幼儿教师 670 人次，区乡举办幼儿教师培训班 58 期，培训幼儿教师 550 人次。② 郴县开展幼儿教师培训的办法包括集中到县里办班，为每个公社培训 1 名幼儿教师骨干，要求这些幼师骨干回队后，先把自己大队的幼儿班办好，起好示范作用。之后分配到各公社办幼儿教师培训班，方便幼儿教师就近入学。每期培训班培训时

---

① 中国学前教育研究会. 中华人民共和国幼儿教育重要文献汇编［M］. 北京：北京师范大学出版社，1999：199.

② 湖南省地方志编纂委员会. 湖南省志·教育志［M］. 长沙：湖南教育出版社，1995：114.

间为半个月左右，开设幼儿教育学、心理学、语文、计算、常识、游戏、音乐、舞蹈、图画等讲座，同时开展参观实习活动，让培训学员尝试自己编写简易幼儿园教材。同时，由县教育局幼教辅导员担任专职教员，针对一些专业技能的教学，就从中小学或幼儿园聘请兼职教师。①

除短期培训班以外，各地也组织了培训时间较长、效果较好的脱产培训，以提高农村幼儿教师的专业技能水平和文化素养。1982年下半年，湖南省各市、县相继轮训县、乡两级幼儿教育专干和幼儿园园长，旨在提高农村幼儿园管理人员的专业水平及管理水平，从而带动农村幼儿教师专业素养的整体提升。除此之外，湖南省各地也都先后举办各种专业的、脱产的幼儿教师培训班，提高农村幼儿教师在音乐、舞蹈、绘画、手工等方面常用的教学技能。

湖南省发展农村教育的优秀典型桃江县，在发展农村学前教育方面一直走在全省前列，桃江县的农村学前教育师资队伍建设也积累了许多优秀经验。从1985年起，在3年时间内，桃江县每个乡、镇都配备了1名思想、业务、素质好的幼儿教师担任幼教辅导员，并采取县、区、乡三级相结合的办法，每年对全县570多名幼师进行10天或1个月的培训，确保全县幼儿教师都能按照幼儿教学大纲的要求，运用唱歌、跳舞、游戏、讲故事等方式，科学地培养幼儿。1988年，全县55%的学前幼儿班有了能胜任工作的专职幼儿教师，桃江县的学前教育师资队伍质量和保教质量都处在全省农村地区的前列。②

（三）逐步提升对农村学前教育师资的学历和任职资格要求

在1989年《幼儿园管理条例》颁布之前，我国对学前教育师资的学历要求一直比较宽松和模糊。1989年，《幼儿园管理条例》规定"幼儿园园长、教师应当具有幼儿师范学校（包括职业学校幼儿教育专业）毕业程度，或者经教育行政部门考核合格"，自此我国对幼儿教师的学历提出了基本要求。针对农村学前教育师资普遍文化程度不高的问题，各地也采取了有针对性的措

① 李让恒. 郴县教育局抓紧培训幼儿师资[J]. 湖南教育，1980(6)：10.
② 杨盛文. "奠基工程"与"高楼大厦"：桃江教育景观之六[J]. 湖南教育，1988(6)：10-11.

施，通过多种形式提升农村幼儿教师的文化水平及学历水平：对尚未达到合格学历的幼儿教师，可以去各市、县的教师进修学校系统学习；可以参加中等师范学校函授学习或电视广播学习，取得中等师范函授毕业证书；也可以脱产到各地市的中等师范学校学习；还可以坚持在职进修，或参加多次短期培训。1991 年，湖南省教育委员会颁布《湖南省农村学前班管理办法》，提出"学前班教师应具有幼师（含幼师职高）或相当于幼师毕业以上文化程度。或具有高中毕业文化，并参加幼师资格证考试，取得幼儿教师资格证书者担任。由小学在职教师担任学前班教师的，必须具备中师毕业文化，并在上岗前经过专业培训"①。

1994 年，有学者对衡南县 18 个乡的学前班师资进行调查发现，衡南县 18 个乡共有 184 个学前班，幼儿教师 185 人，文化程度普遍偏低，缺乏专业知识。185 名幼儿教师中，高中学历的教师 79 人，占比约 42.70%；初中学历的教师 73 人，占比约 39.46%；小学学历的教师 15 人，占比约 8.11%；中师函授毕业的教师 17 人，占比约 9.19%；幼师专业学历毕业的教师仅有 1人。除在中心小学附设学前班任教的 19 名幼儿教师以外，其余 166 名幼儿教师在学前班任教之前都没有过教师从业经历。②

1996 年，教育部颁布的《幼儿园工作规程》规定"幼儿园教师必须具有《教师资格条例》规定的幼儿园教师资格"，自此开始，幼儿园教师资格证成为幼儿园教师的基本任职要求。但是由于湖南省学前教育师资一直严重短缺，在具体实施时并不能严格按照幼儿园教师资格制度执行，特别是农村地区的幼儿教师，很多都没能获得幼儿园教师资格证。如湖南省汉寿县，由于各种各样的现实原因，全县幼儿教师实际上接近半数都是非学前教育专业人员出身，学前教育师资队伍专业素养整体不高。③

21 世纪初，湖南省农村幼儿园教师的来源主要有两方面，部分来自农村小学转岗的教师，大多数则是由农村幼儿园自主招聘。由于计划生育政策的

---

① 田景正，周丛笑，刘美罗. 湖南省学前教育发展研究［M］. 长沙：湖南科学技术出版社，2010：102.

② 肖梅初. 对农村学前班教师队伍建议的思考［J］. 学前教育研究，1994(4)：18-19.

③ 熊跃政. 加快幼儿教育发展，夯实素质教育基石：对如何促进汉寿县幼儿教育发展的思考［J］. 湖南教育（教育综合），2010(1)：30.

持续实施及城镇化进程带来了大量农村人口入城务工潮，农村学龄期儿童数量持续缩减，导致农村小学师资过剩。从小学抽调的教师素质普遍不高，且年龄偏大。农村幼儿园自主招聘随意性更大，一直极为缺乏合格的学前教师，因此对教师的任教要求并没有严格按照幼儿园教师资格制度执行，对农村幼儿教师的学历要求也没有严格实施。部分地区为了降低学前教育的办学成本，尽量不用高学历或正规幼师毕业生，而招聘一些低学历的教师，对幼儿教师的培训也是纸上谈兵，从而导致部分地区农村幼儿园中具备教师资格的幼儿教师少之又少。例如，岳阳市平江县板江乡，2004 年，10 个幼儿园（班）的 10 名幼儿教师中，学历最高的仅为高中毕业，且仅有 1 人，其余均为初中毕业生，年龄最大的已经 45 岁，且这些幼儿教师没有一位是受过专业学前教育相关知识培训的，在学前教育行业任教的时间从半年到三年不等。从任教时间可以看出来，农村幼儿教师队伍极不稳定，教师流动性很大，更换频繁。[①]

虽然农村幼儿教师专业素养普遍不高，但也涌现出了一批优秀的农村幼儿教师代表。例如，衡山县农村幼儿教师康亚香和冷水江市禾青乡里福村幼儿教师段绍辉，都是依靠自学提升专业素养的优秀教师代表。1981 年，康亚香自办家庭式幼儿园，努力自学幼儿教育各项技能技巧，就地取材自制玩教具，向周围的人学习唱歌、跳舞、弹风琴、吹口琴，先后 8 次外出参观学习，1985 年被评为省、市、县优秀教师，1986 年 9 月，被授予全国教育系统劳动模范称号。里福村幼儿教师段绍辉，自 1977 年担任幼儿教师以来，自学《幼儿心理学》《智力游戏》《各科教案举例》等几十种幼儿教育专业书籍，撰写了 8 万多字的学习笔记，拜师学习幼儿教师专业技能，学会了拼音、识谱、美工和弹风琴等，多次被评为省、市、县优秀教师。[②]

三、农村学前教育师资队伍发展存在的困境

长期以来，制约湖南省农村学前教育发展的一大因素便是农村缺乏足够数量的合格幼儿教师。农村幼儿教师数量不足有多方面的原因，其中农村幼

---

① 李向东. 农村幼教现状堪忧[J]. 湖南教育，2004（2）：8.
② 湖南省地方志编纂委员会. 湖南省志·教育志[M]. 长沙：湖南教育出版社，1995：113.

儿教师岗位吸引力不足也是主要原因之一。由于城乡经济发展的差距，作为为农村培养师资主力的中等师范学校，其中许多来自农村的师范生并不愿意毕业以后回到农村任教。

（一）幼儿教师流动性过大，导致农村学前教育师资队伍极不稳定

农村幼儿教师岗位吸引力不足，有很大一部分原因在于待遇低下，从而导致农村学前教育师资队伍极不稳定。农村幼儿园教师的待遇远低于城市幼儿园教师，无法吸引合格的师资担任农村幼儿教师，大多数幼儿师范毕业生都会选择去城市幼儿园工作，愿意去到农村幼儿园从教的毕业生极少。从1979—2008年湖南省农村学前教育师资数量发展变化数据可以发现，从20世纪90年代末开始，湖南省农村幼儿园教职工人数持续大幅减少。湖南省政府部门针对农村学前教育师资队伍发展问题出台了一系列政策文件，但效果有限，未能从根本上改变农村幼儿教师待遇差的问题。

1979年《全国托幼工作会议纪要》中提出"农村社队园所保教人员的待遇，应相当于同等劳动力的报酬。经过培训考核或工作成绩突出的保教人员，其报酬可高于同等劳动力"。1988年，《关于发展湖南省幼儿教育的报告》指出，影响农村幼教事业发展的主要问题是农村幼儿教师待遇差，教师队伍不稳定。

1988年，岳阳市教育委员会在岳阳、汨罗、湘阴等市、县的三个乡开展调查发现，从1981年至1986年，五年间先后有71名幼儿教师流动，流动率高达62%。许多受过专业学前教育培训的幼儿教师先后转行，导致在岗的幼儿教师中，受过学前教育专业培训的幼儿教师不足10%。根据调查结果分析，造成岳阳地区农村幼儿教师流失严重的主要原因有以下几个方面：

1. 农村幼儿教师的人事管理制度不健全

农村幼儿教师的任用是由村集体决定的，很多原有的幼儿教师结婚以后，村里就不再安排其担任幼儿教师了。1981—1986年，五年内共有26名幼儿教师因结婚被解聘，那些还没有结婚的年龄较小的幼儿教师，也没有做好长期从教的打算。

2. 农村幼儿教师的待遇问题长期得不到妥善解决

国家对农村幼儿教师没有发放工资补贴，大部分村里发放给幼儿教师的

工资相较于普通民办教师普遍要低上 45%—60%，收入过低使得很多幼儿教师无法安心工作，不得不在外兼职，对农村整体保教质量影响很大。

3. 幼儿教师社会地位低

许多小学把附设在小学的学前班的老师当作后勤打杂人员使用，安排他们去帮忙采购物资、发放通知、搞卫生、帮厨等等，哪里需要往哪里搬。另外，幼儿教师出外学习和培训的费用也无处报销。因此，许多业务能力强、水平高的幼儿教师纷纷想办法转岗成为小学民办教师。五年间，改做小学民办教师或代课教师的有 25 人，在职的幼儿教师去参加函授学习，也不报对口的幼师函授，而是改报中师函授。

鉴于农村学前师资队伍建设存在的这一系列突出问题，岳阳市教育委员会提出了加强农村学前教育师资队伍建设的多方面建议，包括建议幼儿教师和小学民办教师一样，统一由乡以上教育部门定编、考核和管理，享受小学民办教师同等待遇；由县教育行政部门开设定向招生的职业幼师班，尽快培养一批经过专业学习的幼儿教师充实农村幼儿教师队伍；还可以采取假期培训、辅导自学、组织函授学习和教学观摩等多种形式对在职幼儿教师进行培训，提升农村幼儿教师的整体业务水平；以乡为单位办好具有示范性作用的学前班或幼儿园，发挥其辐射作用，从而指导和帮助全乡提升学前教育保教质量。[1] 这些建议提得很中肯，既充分考虑了农村实际，又能够有针对性地改善农村幼儿教师大量流失的问题。但是在实际操作过程中，没能完全按照建议实行，如农村幼儿教师的编制、待遇、地位等关键问题，在当时迟迟没能得到改善和解决。

2002 年发布的《湖南省幼儿教育事业发展状况调研报告》指出了湖南省学前教育师资队伍存在的问题，主要仍围绕编制、待遇等。例如，在编幼儿教师少，特别是农村幼儿教师身份不明，未纳入人事体制；幼儿教师待遇低，农村幼儿教师工资待遇大多只有每月 200 元左右，导致教师队伍极其不稳定，流动性大，幼儿教师专业素质普遍低下。岳阳市平江县板江乡联校调查当地农村幼儿园（班）发现，农村幼儿教师待遇低下，工作积极性普遍不高。当地农村幼儿教师的工资普遍在 200—300 元之间，相当于当地公办教师工资

---

① 傅冠华. 农村幼师队伍不稳定的问题亟待解决[J]. 湖南教育，1988(Z1)：96.

的三四分之一，也远低于其他进城务工人员的收入。如此低的工资待遇，一方面无法吸引学历高、专业素养好的幼儿教师前来任教，另一方面也使大多数在职的幼儿教师缺乏工作的积极性，缺乏进修、培训、学习的动力，大多数农村幼儿教师一结婚就离开了幼儿教师岗位。"钱少事多"是农村幼儿教师工作的写照，有些规模较大的幼儿园，为了节省办园经费，追求利润的最大化，压缩教师名额导致师幼比严重失衡，幼儿教师工作量严重超标，极大地影响了保教质量。①

（二）农村幼儿教师学历水平普遍不高，且专业化程度低

农村幼儿教师学历水平普遍低下，且大多数农村幼儿教师不具备幼儿教育专业学习背景，缺乏专业素养与能力，这也是影响湖南省农村学前教育师资队伍质量的重要因素之一。农村幼儿园有大量的幼儿教师既不是学前教育专业毕业，也没有受过专门的学前教育专业培训，且很大一部分农村幼儿教师没有取得幼儿园教师资格证，无证上岗现象十分普遍。

1994 年，有学者对衡南县农村学前教育师资队伍开展调查，发现衡南县农村幼儿教师队伍素质普遍低下，学历水平不高，专业素养缺乏。衡南县 158 名农村幼儿教师中，仅有 1 人是幼师学校毕业的，究其原因主要有以下几个方面：

一是当地不重视学前教育，在聘任学前班教师时对其专业素质和能力的考核不严，要求不高。大多数村在选聘幼儿教师时，更是只凭关系安排，不管其素质如何。

二是对在职幼儿教师的培训重视程度不够。1991—1993 年间，衡南县教委和衡南县教师进修学校，曾先后 5 次下发针对在职幼儿教师的培训通知，要求每个乡每次选送 1—2 名幼儿教师参加县教师进修学校组织的在职幼儿教师业务培训，但全县仅有 2 名幼儿教师报名学习，由于人数太少，培训没能如期举行。培训是件好事，但为什么没有教师参加呢？深入调查发现，主要原因在于培训经费没处落实，只能自费培训，就算有幼儿教师想自费参加培训，也面临困难。因为部分村居然规定自费参加培训的老师，一旦离开讲

① 李向东. 农村幼教现状堪忧[J]. 湖南教育，2004(2)：9.

台去参加培训，村里将另聘幼儿教师顶替其岗位，这样就使得农村幼儿教师面对在职培训只能是有心无力。

三是幼儿师范毕业生不愿到农村幼儿园任教。有 2 名长沙师范学校毕业的幼儿教育专业毕业生，一个改行进了机关系统，另一个去了乡中心小学担任音乐、舞蹈课的教师。学者还随访了几名尚在衡阳幼儿师范学校、湖南省长沙师范学校学习的在校学生，她们纷纷表示毕业后不打算回去农村幼儿园任教，有的想要改行，有的想去城镇机关、厂矿等条件好、待遇好的幼儿园，就算不得不回乡，也只想去中学或者中心小学当教师。

针对衡南县农村学前教育师资队伍存在的这一系列问题，研究者也提出了有针对性的改进建议：

确保幼儿师范毕业生分配到位，还要采取有效措施防止包分配的幼师毕业生跳槽，在给城市幼儿园输送合格师资的同时，保证有一定数量的幼师毕业生分配到乡（镇）担任幼儿教师，逐步实现农村幼儿教师专业化的长远目标。

给自费幼师毕业生就业提供岗位。湖南省的自费幼师学生由于许多人在毕业以后无法就业，选择中途辍学的多达 50%。各幼师培训学校联合向上级部门建议，地方各级政府要下发政策性文件，确保各地能优先录用具有幼师合格学历的人员担任幼儿教师，另外可以考虑从优秀的自费幼师学生中招收包分配的幼儿师范生，提升自费幼师学生的学习积极性。

全面整顿现有的农村学前教育师资队伍。选送素质较好的在职幼儿教师参加学前教育专业培训，采用利用寒暑假的在岗培训和离岗进修培训相结合的方式，提升在职幼儿教师的专业素养和业务能力。还可挑选回乡的优秀初、高中毕业生参加幼师培训，培训合格后安排工作。除了加强对幼儿教师的培训，还要针对在职幼儿教师进行严格考核，解聘部分工作不负责、专业素质太差的幼儿教师，吸收待业的优秀初、高中毕业生补充农村幼儿教师队伍。[1]

2007 年上半年，国务院决定对教育部直属六所师范大学的师范专业实行定向和免费教育，其中就包括了学前教育。但是最初，这个政策只覆盖了本

---

[1] 肖梅初. 对农村学前班教师队伍建议的思考[J]. 学前教育研究，1994(4)：18-19.

科层次，没有包含中专和大专层次，而数据显示，2006 年湖南省学前师范在校生中本科层次仅占约 0.36%，大专与中专层次占比更大，分别约为 26.64% 和 73.10%。因此这一政策最初对湖南省学前教育师资队伍的影响十分有限，对农村学前教育师资的影响更是微乎其微。

2009 年 3 月，长沙师范学校的陈幸军教授带领研究团队对湖南省学前教育发展现状进行调查研究，研究发现，湖南省农村地区师资明显不足，普遍存在师幼比过低的问题。配备了两教一保的班级约占 59.06%，一教一保的班级约占 17.05%，约 7.76% 的班级只配备了一位教师。在农村，一村一班一师的现象更是极为普遍，其班级人数平均为四五十人，有些甚至有 80 余人。

因此，当时有学者提出，相较于教育部直属的六所师范大学这一高层次师范院校，真正需要吸引考生就读的是培养学前和小学教师的、层次较低的师范院校，真正缺乏教师或者需要吸引师范毕业生从教的地方是农村和边远地区，因而急需实行定向和免费教育的是面向农村和边远地区的大、中专层次师范教育，也包括面向农村地区的定向和免费学前师范教育。①

第四节 湖南省农村学前教育活动的规范与探索

一、积极出台政策规范农村学前教育活动

改革开放后，湖南省农村学前教育正式开启了健康发展、稳步提高的新篇章。1979 年，湖南省贯彻《全国托幼工作会议纪要》和湖南省首届托幼工作会议的精神，加强对幼儿保育与教育工作的重视，强调要培养体魄健壮，品德良好和智力发达的下一代。1981 年 10 月，教育部发布《教育部关于试行〈幼儿园教育纲要（试行草案）〉的通知》，湖南省积极组织学习、大力宣传，对照新纲要检查各地幼儿园实际工作。全省幼教工作者，特别是农村幼儿教育工作者开始逐步认识到学前教育"小学化""成人化"的危害，认识到游戏活

---

① 彭世华. 学前师范更加急需实行定向和免费教育[J]. 学前教育研究，2008(1)：10.

动才应该是幼儿园的基本活动，要把体育锻炼放在首位，让幼儿在幼儿园能吃好、睡好，并要因地制宜地增加幼儿户外活动的时间。

1983 年 1 月，湖南省召开了托幼工作会议，提出进一步贯彻《幼儿园教育纲要》，各地要端正办园思想，研究幼儿特点，重视幼儿品德培养、卫生保健和智力发展，加强和改进园、班管理，健全以保教责任制为中心的各种规章制度，不断改进保教工作，提高保教质量。1984 年，湖南省教育厅在湘西自治州召开幼儿教育经验交流会，推广花垣县民族地区农村幼儿园开展语言教学活动的经验。

1985 年 5 月，湖南省教育厅在衡山县召开农村幼儿教育工作会议，此次会议的目的是进一步贯彻教育部在 1983 年 9 月发布的《关于发展农村幼儿教育的几点意见》的精神，加强对全省农村幼儿园，特别是一年制学前班的指导管理，并促进省内农村幼儿教育经验的交流，会议还重点组织参观了衡山县的康亚香家庭自办幼儿园。这次会议的成果颇丰，对湖南省农村学前教育的规范和发展起到了关键作用，会议确定了湖南省农村幼儿教学内容必须包括体育、思想品德、生活卫生习惯、语言、常识、计算、音乐、美术等各方面的内容，明确了幼儿园、学前班一周内的教学时间安排及每课时时长：小班 10—15 分钟，中班 20—30 分钟，大班 25—35 分钟。[①] 具体周课时安排见表 2-3。

表 2-3　农村幼儿园(班)一周教学时间安排表

单位：节

班别	体操及活动性游戏	音乐	认识环境及发展语言	图画及手工	计算	周课时总计
小班	1	2	2	1	0	6
中班	1	2	4	2	1	10
大班	1	2	5	3	1	12

会议明确了游戏活动应是幼儿园的基本活动形式，要保证幼儿每天有 4

---

① 湖南省地方志编纂委员会. 湖南省志·教育志[M]. 长沙：湖南教育出版社，1995：104-105.

小时以上的游戏和户外活动时间，确保游戏内容丰富、形式多样，注意智力活动和体力活动交错进行。同时要根据农村的实地条件和气候、季节特点，积极带领幼儿参加户外活动，如看日出朝霞，观落日余晖，游青翠山岭，览山间涓涓溪流；认识百花盛开的春天，烈日炎炎的夏日，灿烂金黄的深秋，银装素裹的寒冬。体育活动是通过体操及游戏活动，培养幼儿灵敏、速度、耐力、协调等身体素质，促进幼儿身体正常发育。认识环境及发展语言的活动是指带领幼儿认识周围的社会和自然环境，丰富词汇、发展语言，培养幼儿的语言表达能力和想象能力。计算活动则是通过日常生活和教学游戏，教会幼儿掌握最基础的数、量、形的概念，初步认识常用的量具、时钟和一些简单的几何图形等。音乐活动包括唱歌、欣赏音乐、舞蹈及音乐游戏，教幼儿用自然适当的声音，清楚而有表情地唱歌，学会简单的舞蹈动作，培养幼儿音乐的感受能力和活泼的性格。图画及手工活动是指教给幼儿正确执笔和简单的绘画笔法，做简单的纸工、泥工等，培养幼儿的观察力和欣赏美术作品的能力。幼儿园还要把思想品德教育融于各种形式的活动之中，使幼儿在不知不觉中受到初步的社会主义思想教育和道德品质教育。①

二、积极探索农村学前教育活动的多种形式

虽然湖南省农村学前教育保教质量长期落后于城市地区，但是许多农村学前教育工作者也在从教过程中，努力探索多种形式的适宜农村的学前教育活动形式，为提升农村学前教育保教质量而努力。

（一）克服"小学化"倾向，探索科学化的农村学前教育活动

改革开放后，相较于城市幼儿园保教活动补偏救弊、快速恢复，农村学前教育保教质量长期落后，普遍存在"小学化"教学倾向。农村学前教育活动"小学化"倾向由来已久，如提前教授小学课程内容，采用"小学化"的教育方式，营造"小学化"的教育环境。但随着学前教育改革发展，幼教工作者对幼儿的身心发展特点的认识不断深入，教育内容和教育方式也在随之调整，农

---

① 湖南省地方志编纂委员会. 湖南省志·教育志[M]. 长沙：湖南教育出版社，1995：105-106.

村学前教育活动也越来越科学。

1980年，《湖南教育》杂志刊文强调学前教育要注意科学化，文中指出要明确学前教育的定位是为小学教育打基础，要讲究科学施教，要根据幼儿的年龄特点为其创设适宜的学习环境，开展科学的教育活动。例如，教室光线不好、通风不足，会影响幼儿视力及新陈代谢；幼儿骨骼处在发育过程中，不合适的课桌椅会影响幼儿脊柱发育，造成弯腰驼背；幼儿脑神经发育还不成熟，"小学化"的教学方式会使幼儿过度疲劳；等等。因此，幼儿班的教室必须选择宽敞、明亮的场所，桌椅尺寸要合适，应该尽可能多地为幼儿准备适宜操作的玩教具，有条件的还可以自制摇船、木马、滑梯等户外运动器械，还可以运用几何积木、计算卡片、识字卡片、挂图等教具，开展适宜幼儿的直观形象的教学活动。关于学前教育教学内容，文章提出幼儿班可以教幼儿认识少量的常用汉字，学习简单的算术知识，但更重要的应该是运用丰富多彩的游戏开发幼儿的智力，包括观察力、注意力、想象力、思维力等。在课程安排上，幼儿班可开设语言、常识、算术、体育、美术、音乐等课程，每周语言、常识、算术开设4节，音乐、体育、美术开设2节。在教学时间上，提出幼儿班要缩短上课时间，不能和小学完全一样，每天只宜开设3节课，上午2节，下午1节，第一学期每节课25—30分钟，第二学期课时可适当延长，每节课30—35分钟，其余时间用来开展游戏和户外活动，使孩子们的在园活动能够动静结合，松弛相间。①

1990年6月至1991年5月期间，湖南省长沙师范学校农村学前班课程研究组在湖南省长沙县、花垣县、保靖县、临澧县四县部分农村中心小学附设的学前班，开展了为期一年的农村一年制学前班课程实验，实验的目的是探索适宜湖南农村的学前一年教育的目标、任务、内容、教材、教法，建立一套适合于湖南省农村学前班5—6岁幼儿身心发展特点的，以及低费用、高效率的学前一年制全新课程体系。实验前期针对农村学前班的现有课程进行了全面调查，调查发现，农村学前班课程结构严重失调，表现在幼儿教师普遍对学前教育阶段课程目标认识模糊，理解不明确；教育内容脱离农村实际和幼儿实际，订购教材较为随意；几乎都在使用"小学化"的教学组织形式

---

① 徐衍贤，刘建峰. 学前教育要注意科学化[J]. 湖南教育，1980(12)：9-10.

和方法，重视上课活动，忽视游戏活动和户外活动，教学方法以灌输为主，互动启发少、操作机会少；课程评价以结果为导向，许多还会将幼儿视为小学生，组织统一考试。这种课程结构完全违背了幼儿的身心发展特点，对幼儿的发展起到了不良的影响。① 除了整体课程改革实验，在这一时期，湖南省长沙师范学校还开展了针对某一特定领域的课程改革实验，这一系列实验对提高湖南省农村学前教育保教质量起到了积极的推动作用。

（二）因地制宜，开发适合农村的保教活动

许多农村幼儿教师发挥自己的聪明才智，因地制宜，尝试多种适合农村实际的保教活动。

《湖南教育》杂志 1979 年 6 月刊文介绍了湘西自治州幼儿园的办园经验。湘西自治州幼儿园是 1955 年建立的，1979 年时有 5 个班，260 名幼儿，该园毕业的幼儿能读写拼音，认写几十个汉字，数数能数到 100，能运算 20 以内的加减法。该园介绍了 3 个方面的成功经验：

（1）根据幼儿的年龄特点编班开课，把幼儿编成小班、中班、大班，开设认识环境及发展语言课、体育课、音乐课、美工课、计数课。课程的开设和组织都充分结合幼儿的兴趣，如湘西吉首开通火车后，幼儿园组织幼儿参观吉首火车站，并体验乘坐火车。一路上小朋友们对各种交通设施非常感兴趣，不断地问"为什么"，教师就引导幼儿细致观察。回来以后还组织了小火车的角色游戏，小朋友们有的扮演火车司机，有的扮演火车售票员，有的扮演乘客，模仿在旅途中听到的各种各样的对话。这样的活动既开阔了孩子们的眼界、增长了见识，同时还发展了他们的观察能力和语言表达能力，一举多得。

（2）根据幼儿智力发展的规律制定教学要求。例如，幼儿园受到谢彦波的启发，积极查阅相关资料并结合对园内幼儿的观察、认识，尝试把计数和拼音学习提前到小班，在小班教授 4 以内数的组成，以及汉语拼音中 6 个单韵母及声调的相关知识，发现 90% 以上的幼儿都能按要求掌握。

（3）根据幼儿的心理特点运用适宜的教学方法。如根据幼儿模仿能力强

---

① 陈幸军. 农村一年制学前班课程实验报告[J]. 学前教育研究，1994(5)：33.

的特点，把参观农民伯伯劳动的场景运用音乐游戏的方式再现，幼儿在音乐游戏中模仿各种各样劳动的姿势和动作。再如勤制教具，运用图片、玩具、贴绒、剪纸等，增加教学的形象性、直观性、趣味性。①

湘西自治州幼儿园这种先积极查阅相关教育文献、资料，再尝试进行教育教学改革的做法是值得借鉴的。特别是带领幼儿参观他们周围感兴趣的场景，丰富生活体验，运用形象化和可操作性强的玩教具的做法都非常符合现在的学前教育理念，在当时是非常具有前瞻性和先进性的，值得我们学习借鉴。

之后，湘西自治州幼儿园在探索适宜农村的丰富多样的学前教育活动领域不断发展，又结合山区特色和优势开发了特色的幼儿园常识教育活动，颇有成效，对其他农村幼儿园因地制宜开发适合农村的学前教育特色活动提供了很好的借鉴模板。

湘西自治州幼儿园地处山区，周围植被丰富，有各种各样的植物，如针叶树、阔叶树、常绿乔木、落叶乔木等。日常可以带领幼儿认识身边常见的树木，如猕猴桃树、山莓树、油茶树、马尾松、水松、柑橘树等；带着幼儿上山采摘，如采蘑菇、摘山莓、采茶叶；带着幼儿看果农们收水果，体会丰收的喜悦。还可以在幼儿园空地栽种花草，布置班级自然角。这些做法都能很好地激发幼儿对大自然的热爱之情。

除了植物，山区可以见到的、听到的动物也是多种多样的，如"咕咕"叫的斑鸠、"喳喳"叫的喜鹊、"叽叽"叫的山雀、"布谷布谷"叫的杜鹃等。还可以看到树枝上的鸟巢，教师可以带领幼儿观察小鸟，通过观察小鸟的不同形态、不同颜色的羽毛，听一听小鸟不同的叫声，学会分辨常见的鸟类，激发他们对动物的爱护之情。

为了让幼儿了解保护益虫、消灭害虫的常识，教师带领幼儿去野外观察菜粉蝶、蜻蜓、蝗虫、马桑蚕、蝉等昆虫，了解他们的不同习性，学会区分益虫和害虫。还开展了养蚕宝宝的活动，让幼儿观察蚕从幼虫到成虫及形成蚕茧的过程。

在"认识云和雾的关系"活动中，湘西自治州幼儿园的教师带领幼儿先在

---

① 湘西自治州教育局通讯组. 催发儿童智慧的嫩芽[J]. 湖南教育，1979(6)：25-26.

山脚下观察天上的白云，然后再去山顶观察雾。待幼儿发现身边的雾气并感到很好奇时，教师便抓住机会向幼儿讲解云和雾都是凝结的水汽，只是不同的表现形式，在空中是云，在地面是雾。这样的实地感受，可以让幼儿将知识理解得更清楚。在山顶，幼儿还可以俯瞰山脚的城市、乡村、河流、田野，感受家乡的美丽，激发热爱家乡的感情。

湘西自治州还是一个少数民族聚居地，教师带领幼儿参观德夯苗寨，看苗族的吊脚楼、苗族的传统服饰，了解苗族的风俗习惯，观看苗族的传统歌舞，开阔他们的眼界。① 湘西自治州幼儿园的常识教育开展得很有特色，充分结合了地方特点，鼓励幼儿在真实的大自然、大社会中去观察、去发现、去探索，从而获得知识和经验。

长沙县黄兴镇太平小学附设学前班的幼儿教师则积极探索农村学前班体育活动的新形式。以往农村学前班的体育活动多是"放羊式"，让幼儿三五成群自由活动。一些活泼、能力强的幼儿可以自行开展一些简单的体育游戏活动，但大部分幼儿只能漫无目的地走走玩玩。这样的局面一方面是由于农村学前班班额大，人数多，运动器械数量少，给幼儿教师组织体育游戏活动带来很大困难；另一方面是因为大多数农村学前班教师缺乏工作热情，责任心不强，或者担心发生安全事故而不愿组织有挑战的体育游戏，还有的幼儿教师只注重幼儿智力开发，而忽视幼儿体育锻炼。

针对这些情况，长沙县黄兴镇太平小学学前班的幼儿教师因地制宜，充分利用农村幼儿园的优势、特色，精心组织具有园本特色的幼儿体育活动。他们将农村学前班开展体育活动的经验总结如下：一是利用农村宽阔的场地条件，尽量开展少用或不用运动器械的体育活动，如四散追逐跑的体育游戏，放弃玩每人需要一面红旗或绿旗道具的"红旗与绿旗"游戏，转而选择玩不需要道具的"狡猾的狐狸在哪里"游戏。还可以带领幼儿一起制作简单的玩教具，充当体育活动道具，如体育游戏"火箭飞上天"中的纸质火箭。二是就地取材，充分利用自然材料制作运动器械。例如，利用木板和绳结制作简易秋千，用废旧的汽车轮胎制作摇船道具，利用废旧铁桶玩钻洞的游戏，让幼儿能够开展攀爬、跳跃等活动。还可以带领幼儿制作足够数量的小型运动器

---

① 裴自华. 山区幼儿常识教育揽胜[J]. 学前教育研究，1994(2)：57.

械，如沙包、竹圈、棍棒等。[1]

三、农村学前班的保教活动

作为当时湖南省农村学前教育主要举办形式的一年制学前班，由于大多附设在小学内，因此其教育活动既与幼儿园类似，也受到小学师资、设备以及教学形式的影响。这类学前班大多数使用省编一年制学前班试用教材，也有自编教材的，上级部门没有统一的要求。虽然开设了语言、故事、计算、常识、唱歌、体育、游戏、舞蹈、图画、手工等幼儿教育常见课程，有的还开设了思想品德、科学常识等课，但在教育过程中过于注重于识字、算术，忽视了幼儿身心发展的规律和特点，"小学化"倾向比较严重。学前班每周上课 12—16 节，也有多至 24—30 节的，课时量相对幼儿园更多，且每节课多为 30 分钟，也有与小学统一都是 45 分钟的。由于绝大多数幼儿家长对于幼儿教育专业缺乏正确认识，因此对于幼儿能在学前班学会拼音字母，学会从 1 数到 100，学会书写 1—10 以内的数字，能讲述一些小故事，能唱 10 多首儿歌，等等，家长们普遍表示很满意，因此一年制学前班的形式也受到家长的普遍欢迎。[2]

例如，湖南省临武县针对 6—7 岁幼儿开办的学前幼儿班一般开设识字、认数、卫生、唱歌、游戏、体育等课程，每天在班时间 7 小时，上课 4 节，每节课 30 分钟，其余时间由教师带领幼儿开展各种有益幼儿身心的活动。[3] 1980 年，有学者到湖南省桃江、祁东、浏阳等地开展幼儿教师培训工作，在对多地学前教育进行考察时发现虽然农村学前教育发展迅速，但在快速发展中也显现了一些问题：一是农村幼儿园或学前班教学设施设备差，大多数没有正规的教室，课桌椅大小和幼儿的身高不匹配，缺乏幼儿玩教具，缺少室内室外活动场所，等等；二是使用的课程、教材、教法有"小学化"倾向，部分地区的小学附设的学前班甚至和小学一年级上一样的课程，用一样

① 杜赛军. 农村学前班体育活动应注意的问题[J]. 学前教育研究，1994(4)：20.
② 方志编纂委员会. 湖南省志·教育志[M]. 长沙：湖南教育出版社，1995：106-107.
③ 邝生浩. 临武县普遍办起学前幼儿班[J]. 湖南教育，1980(6)：10.

的教材，每节课 45 分钟，一天上六七节课。[①]

湖南省株洲县清水塘中心小学示范学前班，多次获评株洲县学前教育先进单位。其前身是 1976 年创建的株洲县洲坪乡清水塘大队红孩子班，附设在清水塘小学内，1979 年改名为清水塘大队幼儿班，1983 年改名为清水塘中心小学示范学前班。被确定为示范学前班之后，乡、村集资投入改善了学前班的办学条件，除了宽敞的教室和齐全的桌椅设备以外，还购置了一批玩教具，如风琴、打击乐器、篮球架、游戏垫、平衡木等，除此之外，还自制了一大批玩教具，基本满足幼儿学习和玩耍的需要。学前班开设了语言、常识、计算、体育、音乐、美工、游戏等七门课程，以游戏为学前班的基本活动，每天保证一小时以上的户外活动，坚持做好晨间检查。[②]

1986 年，国家教委发布《关于进一步办好幼儿学前班的意见》，批评了部分地区的学前班忽视幼儿身心发展特点，将学前教育"小学化"的做法，要求端正办班思想，明确反对以"创收"为办班目的，同时规范学前班教育内容和时间，指出应加强教师培训和改善办班条件以及强化领导和管理。作为湖南省发展农村学前教育的优秀代表，1988 年，桃江县有约 55% 的学前幼儿班达到了有胜任的专职幼师，有风琴等必要的玩教具，有室内外活动场所，活动室标准化，课桌椅规格化，安全卫生好，保教质量好的条件。这一发展成果在当时的湖南省农村学前教育中十分显著。[③]

农村学前班"小学化"问题十分顽固和突出，国家教育委员会屡次发文指出问题所在，也提出了多样化的改进措施，但收效不大。1991 年，国家教委发布《关于改进和加强学前班管理的意见》，再次重申了学前班的性质和办班原则，同时也再次指出了农村学前班的"小学化"倾向问题；1996 年，国家教委下发《学前班工作评估指导要点（试行）》，着重针对农村学前班忽视幼儿身心发展规律，以及"小学化"倾向比较严重的问题，制定了相应的评估细则。湖南省也积极响应国家教委精神，一直积极探索解决农村学前班小学化倾向的办法，1994 年，湖南省教委针对本省农村学前班的实际，组织编写了农村

① 徐衍贤，刘建峰. 学前教育要注意科学化[J]. 湖南教育，1980（12）：9.
② 湖南省地方志编纂委员会. 湖南省志·教育志[M]. 长沙：湖南教育出版社，1995：125.
③ 杨盛文."奠基工程"与"高楼大厦"：桃江教育景观之六[J]. 湖南教育，1988（6）：10-11.

教学用书《想想算算》《认认说说》《画画玩玩》，并配套制作了录音、幻灯片等音像资料，对促进湖南省农村学前班教学改革，克服"小学化""成人化"倾向起到了一定的作用。[①]

虽然农村学前班的保教质量整体偏低，但也有部分农村学前班幼儿教师在积极创新，努力提升农村学前班的教育教学水平。例如，湖南省零陵地区双牌县上梧江学前班幼儿教师单小英在日常工作中，积极探索农村学前班玩教具制作，积累了丰富的经验，为设备简陋、玩教具缺乏的农村学前班丰富教育活动玩教具设备和资源提供了有益建议。一是尽可能就地取材、废物利用，力求节约环保，外形大方、美观，制作出来的玩教具要保证安全和卫生，有较强的实用性和耐用性；二是制作的玩教具尽可能实现一物多用，可以在多个活动中重复使用，增加道具的利用率；三是结合教学目标、教学内容和要求制作相适宜的道具。

例如，在语言活动教具方面，针对当时农村学前班语言活动主要使用单一的图片教具，欠缺生动性和趣味性这一情况，她尝试制作一些能活动的幻灯图片，通过幻灯机放映，极大地激发了幼儿的学习兴趣。如讲故事《聪明的乌龟》时，将乌龟的头、脚和尾巴，做成可活动的，在幻灯机里放映，趣味性十足。又如在组织儿歌活动"一面小花鼓"时，教师用硬纸板、彩纸和碎布自制小花鼓，边学儿歌边用小花鼓道具互动，可以帮助幼儿更好地理解和记忆儿歌内容。在数学活动教具方面，教师利用随处可得的竹子、小木棒、小木块自制计算串珠、计算器、计算棒，用吹塑纸、木块、竹筒等制作几何图形道具。在常识教育方面，教师利用山区随处可见的昆虫、植物制作标本，或者利用收集的各种颜色的碎布制作民族服饰和头饰，用火柴盒制作小火车模型，用厚纸板和塑料、泡沫制作飞机模型，等等，帮助幼儿更好地认识那些生活中不常见的事物。在体育活动器械方面，山里的树藤用处多多，既可以用来跳绳，还可以做成秋千，废旧的木板可以用来做乒乓球台和跷跷板。[②]

2002 年发布的《湖南省幼儿教育事业发展状况调研报告》指出了湖南省农

---

① 田景正，周丛笑，刘美罗. 湖南省学前教育发展研究[M]. 长沙：湖南科学技术出版社，2010：89.

② 单小英. 农村学前班如何自制教具[J]. 学前教育研究，1994(4)：21-22.

村小学学前班"小学化""学科化"现象严重，一些小学附设的学前班每天活动时间参照小学上下课铃声执行，按小学的制度作息，每天布置写字、计算等作业。岳阳市平江县板江乡联校对当地农村学前教育开展调查发现，许多在学前班任教的幼儿教师，学前教育专业知识极为缺乏，不了解学龄前儿童的身心发展规律和特点，不知道幼儿教育发展目标。有的幼儿教师纯粹就是"放羊式"地看护幼儿，把幼儿教师做成了保姆，没有教育只有看管。还有一些幼儿教师"小学化"教学观念严重，将小学一年级知识强行灌输给幼儿，日常学前班活动就是开展数学计算、默写汉字、背诵古诗，一味强调幼儿智力开发，完全不顾幼儿身心发展规律和学习特点，导致部分幼儿厌恶甚至害怕上幼儿园（班）。也有一些相对优秀、敬业的幼儿教师，日常会带着幼儿唱歌、做游戏、跳舞、讲故事、猜谜语等，但是由于缺乏专业的学前教育知识，只会教唱一些成人间传播的流行歌曲，选择的歌曲不适合幼儿，游戏形式也比较单调，只会常见的几个老鹰抓小鸡、丢手绢、赶羊等游戏，让幼儿反反复复地玩。甚至还有不少幼儿教师，为了让孩子听话、守纪律，采用打孩子手心等不当手段。①

虽然国家多次发文指出农村学前班的"小学化"问题，但是由于农村幼儿教师的专业知识欠缺、对幼儿身心发展特点的认知不足，以及长期以来小学应试教育的固有思维影响，再加上农村幼儿家长的强烈要求和农村幼儿园面临的生存压力，这一系列复杂因素的共同影响，使得农村学前班的"小学化"问题十分顽固，直到现在城乡地区三年制幼儿园基本普及的情况下也没能彻底解决。有学者曾对农村学前教育"小学化"问题进行调查，调查结果显示：约78.9%的农村家长认为孩子上幼儿园是为了学习文化知识，而所谓"文化知识"是指识字（62.7%）、数数（52.8%）、讲故事（49.2%）、唱歌（36.6%），农村家长普遍认为学前教育就是为孩子将来升学做准备。②

第五节　湖南省发展农村学前教育的实践探索

改革开放以来，湖南省农村学前教育发展进入新阶段，在这一时期，涌

---

① 李向东. 农村幼教现状堪忧[J]. 湖南教育，2004（2）：8-9.
② 郑名. 社会分层、社会流动与农村幼儿教育小学化[J]. 学前教育研究，2005（4）：14.

现了许多具有代表性的地区和幼儿园,他们发展农村学前教育的优秀经验为湖南省农村学前教育的发展起到了积极的推动作用。

一、桃江县发展农村学前教育的经验

湖南省桃江县发展农村教育的经验获得了党中央的肯定与支持。1979 年 6 月,湖南省委向全省批转桃江县《关于发展农村教育事业的情况报告》,同年 11 月 6 日,中共中央批转湖南省桃江县委《关于发展农村教育事业的情况报告》。在批示中肯定了桃江县发展农村教育事业的三条经验:一是县委重视教育,全党抓教育;二是坚持"两条腿走路"的方针,发挥国家办学和群众集体办学的两个积极性;三是以普及小学五年教育为重点,实行普通教育、业余教育、学前教育一起抓。1979 年 11 月 20—28 日,国家教育部和湖南省革委会在湖南省桃江县召开教育工作现场经验交流会,时任教育部副部长刘雪初在会上就农民教育提了三点意见,时任教育部副部长张承先在会上做了重要讲话,要求全国教育部门在党的十一届三中全会指引下全面推广桃江经验,时任中共湖南省委第一书记毛致用在会上着重强调了要认真贯彻中央文件精神,在全省推广桃江经验,要求各级革委会一把手亲自抓教育。[①]

桃江县把发展农村学前教育和发展普通教育、业余教育结合在一起,"三教"一齐抓,都取得了很好的成绩,展示了发展农村教育事业的美好前景。"三教"一齐抓的经验是桃江县在发展教育的过程中逐渐摸索出来的,1975 年以前,桃江县重点抓普通教育,放松了业余教育,忽视了学前教育,扫除文盲的工作成效不佳,影响了农业生产、管理水平的提高。之后桃江县委认真总结经验,下决心把"三教"一齐抓起来,成效显著,把从事农业生产的劳动力用科学技术知识武装了起来,教育成了推动全县生产力发展的重要推手。对学前教育的重视也是源于桃江县发展教育过程中的经验总结,1978 年,桃江县在抓小学教育质量时发现,一年级统编教材难度大,学生学习有困难,但鸬鹚渡公社牌头湾大队学校情况却截然不同。经过调查走访发现,鸬鹚渡公社牌头湾大队从 1970 年起就坚持办学前一年幼儿教育,学生进小

---

① 湖南省教育科学研究院. 湖南教育大事记[M]. 长沙:岳麓书社,2002:444.

学前，一般都受过一年以上的幼儿教育，懂得学校常规，进小学后适应性和接受能力都较强。鸬鹚渡公社牌头湾大队的办学经验表明，办好学前一年幼儿教育对普及和提高小学教育质量帮助很大。于是，他们便在全桃江县推广这一经验。事实上，办好幼儿教育不仅能够提高小学教学起点，而且有利于解放妇女劳动力，促进计划生育工作，好处多多。1979 年，90% 以上的大队都办起了以 6 岁儿童为主要对象的幼儿班，桃江县共有幼儿班 713 个，入园幼儿 19 005 人，约占全县 6 岁幼儿总数的 90%，学前教育普及率远远高于其他农村地区。[①]

桃江县发展学前教育也不是一帆风顺的，也走过不少弯路。桃江县从 1973 年起就推广在生产队办学前班，但是由于生产队规模小，幼儿人数少，大孩子小孩子年龄参差不齐，给办学前班带来了很多困难，既浪费了人力、物力，教学效果也不好，因此生产队的学前班刚举办不久就不得不停办。1975 年，桃江县吸取经验，以大队为单位组织办学前班，实行大、中、小按年龄混合编班，教学效果仍然不佳。直到桃江县的鸬鹚渡公社牌头湾大队的九年办学前教育的优秀经验向全县推广，学前教育发展局面才一下就打开了。鸬鹚渡公社牌头湾大队从大队实际出发，选择面向 5—6 岁幼儿开设学前班，一方面有利于解放妇女劳动生产力；另一方面为孩子的小学教育打基础，最为关键的是符合农村现有的办学能力和水平，收效很好。[②] 幼儿班一般和小学办在一起，幼儿教师是群众选出来的，大队记工补贴。当然，办好面向 5—6 岁幼儿的学前一年教育并不是桃江县办好学前教育的终点，之后还要创造条件，有计划、有步骤地逐步举办幼儿园中班、小班，完善学前三年教育，加强对农村学前教育师资队伍的业务指导和培养培训工作等。

随着农村产业结构的变化和市场经济的发展，桃江县的农村教育也在不断适应新的社会经济变革的过程中，形成了与农村经济和社会发展相适应的新格局，积累了新的发展经验。桃江县在原有的"三教"一齐抓的基础上扩展到了五个教育，分别是学前教育、基础教育、职业教育、成人教育、家庭教育，发展出了学前教育与家庭教育、普通教育与职业技术教育、基础教育与成人教育的

① 孙景华. 桃江教育工作调查有感[J]. 湖南教育，1979(11)：4-6.

② 佚名. 一个党委管教育的好参谋部：记桃江县教育局[J]. 湖南教育，1980(1)：13.

互相衔接、纵横交织、协调发展，共同构建了一个全新的教育结构。

桃江发展农村教育的优秀经验给予了我们很多启示。一方面农村经济结构发生变化，教育也要随之变化，教育发展必须与经济和社会发展相适应，教育要为经济和社会发展服务；另一方面发展教育的观念要灵活，要摒弃过时的教育观念，勇于打破常规的办学格局，发展灵活的办学形式，允许多元化的教育观念，让办学形式在实践中得到检验，用自然发展的辩证法去验证教育发展。[①]

二、衡山县发展农村学前教育的经验

1985 年 5 月，湖南省农村幼儿教育研讨会在衡山县召开，此次会议的目的是进一步贯彻教育部在 1983 年 9 月发布的《关于发展农村幼儿教育的几点意见》的精神，加强对全省农村幼儿园（班）的指导管理。湖南省各地、州、市幼教专职干部，衡阳市属各县、区幼教专职干部及部分幼儿园园长和骨干教师在会上交流了各自开展农村幼儿教育工作的经验。

这次农村幼儿教育研讨会重点探讨了如何在农村经济体制改革的新形势下发展农村幼儿教育；如何因地制宜，多层次、多渠道、多形式地普及农村一年制学前教育，建立以农村中心幼儿园为骨干的有中国特色的农村幼教体系；如何充分利用农村现有条件全面贯彻《幼儿园教育纲要》，对幼儿开展体、智、德、美全面发展的教育，克服广泛存在的"小学化""成人化"倾向等问题。[②]

此次会议还组织参观了衡山县康亚香家庭幼儿园，这是湖南省第一家家庭自办幼儿园，地址位于湖南省衡山县城关镇西郊巾紫峰下。康亚香家庭幼儿园刚创办时只招收了 16 名幼儿，到 1988 年在园幼儿人数增加到 56 名。幼儿园园舍、设施是康亚香自力更生想办法解决的，幼儿园经费自负盈亏，幼儿园所需要的玩教具是幼儿园教师自己动手做的，康亚香还自学幼儿教育相关知识和技能，努力提高幼儿园保教质量。康亚香的家庭幼儿园收费不高，1981 年刚创办时，每位幼儿每月保育费 1 元，1985 年为一个月 2.5 元，1987年为一个月 3 元。幼儿园所收保育费，60% 用于幼儿教师工资开支，40% 用

① 佚名. 发展现代农村教育事业的一个范例：桃江模式[J]. 湖南教育，1987(Z1)：3.
② 李玲. 我省召开农村幼儿教育研讨会[J]. 湖南教育，1985(Z1)：7.

来添置教学用具。由于经费紧张，康亚香幼儿园在自制玩教具方面积累了丰富的经验，利用农村常见的材料，如废旧纸盒、高粱秆、碎布头、旧棉花、木头等材料，自制了50多种幼儿园玩教具。[①]

康亚香家庭幼儿园是早期农村家庭式幼儿园的一个优秀典型，该园自力更生、勤俭办园、艰苦奋斗的经验在湖南省广泛推广，为湖南省农村民办幼儿园的发展指引了方向，树立了一个优秀榜样。

同样于1981年创办的农村民办幼儿园的优秀代表还有湖南省凤凰县奇峰幼儿园，这所幼儿园由12位平均年龄64岁的退休教师创办。幼儿园筹办时面临缺经费、缺场地、缺设备、缺教具的困境，为了把幼儿园办起来，这群年迈的退休教师多方宣传幼儿教育的重要性，四处筹措办园经费，终于办起了一所有5个班192名幼儿的幼儿园。幼儿园初办时场地设备简陋，但在这群退休女教师的不懈努力下，幼儿园越办越好，赢得了社会各界的广泛赞誉。1987年建成了新的教学大楼，1988年已经发展到12个班，在园幼儿497名，幼儿园教职工52名。[②]

三、长沙县发展农村学前教育的经验

2005年11月，湖南省人民政府在长沙主持召开了幼儿教育工作会议，这次会议高度重视农村学前教育工作，并在会上介绍了长沙县发展农村学前教育的经验。

长沙县属于长沙市，县域经济发展迅速，稳居全国百强县前列。长沙县的农村学前教育形成了县级中心幼儿园为龙头、乡镇中心幼儿园为骨干、民办幼儿园为主体、学前班为补充的多样化办园的学前教育发展格局。长沙县发展农村学前教育的经验主要可以总结为以下几点：

1. 政府积极发挥统筹作用，明确了县乡两级政府在发展学前教育中的办学职责

长沙县人民政府于2001年下发了《关于加强幼儿教育管理工作的通知》，

---

① 湖南省地方志编纂委员会. 湖南省志·教育志 [M]. 长沙：湖南教育出版社，1995：122-123.

② 湖南省地方志编纂委员会. 湖南省志·教育志 [M]. 长沙：湖南教育出版社，1995：123.

进一步明确了全县幼儿教育管理机制，提出了在长沙县县城普及学前三年教育，在长沙县农村地区普及学前两年教育，把发展学前教育作为"普九"基础性工作来抓。

2. 构建公办民办并举的办园模式

自 2000 年以来，长沙县加大了公办幼儿园和乡镇中心幼儿园的建设力度，公办民办并举，齐头并进共促长沙县学前教育发展。

3. 严格把关新办园所登记注册

对于新开办的幼儿园，需要先由举办者向所在地乡镇中心学校进行申报，由县教育局初审合格后，向卫生、消防部门出具审批函，由其进行卫生保健和消防设施方面的审查，通过后再颁发办园许可，民办园再到民政部门办理注册登记。这一系列联合审查及审批，有助于保证新办园所的质量。政府部门会通过报纸、电视等媒体向社会公布检查合格及年检合格的幼儿园，既有助于家长筛选合格园所，也有助于促使民办园不断提升保教质量，规范办园行为。

4. 保障幼儿园教师的合法权益，稳定学前教育师资队伍

2001 年下发的《关于加强幼儿教育管理工作的通知》明确要求幼儿园所收费用应该主要用于发放幼儿教师工资和保证正常教学的需要，并严格督察全县幼儿教师工资发放落实情况。自 2003 年开始，长沙县为全县农村幼儿园教师购买了农村合作医疗，建立了幼儿教育基金，并多方筹措经费，用于长沙县学前教育事业的发展和幼儿教师的培训、奖励、安置补助等。[1]

四、安仁县发展农村学前教育的经验

2009 年，湖南省安仁县被评为"湖南省学前教育先进县"，其学前教育发展数据十分亮眼：学前三年毛入园率达到 81.4%，3—6 岁农村"留守儿童"有万余名进入幼儿园学习，形成了县、乡、村三级办园的模式，由县一级举办示范性幼儿园，乡（镇）举办乡镇中心幼儿园，规模村举办独立幼儿园，辖

① 田景正，周丛笑，刘美罗. 湖南省学前教育发展研究［M］. 长沙：湖南科学技术出版社，2010：111-112.

区内 200 余个行政村均已开办了幼儿班。

安仁县地处湖南省南部，隶属于郴州境内。安仁县作为农业大县、省级扶贫重点县，其学前教育的发展，尤其是农村学前教育取得的优秀成绩来之不易。安仁县发展农村学前教育的经验主要可以总结为以下几点：

1. 结合农村实际，盘活农村闲置校舍资源及过剩师资，因地制宜发展农村学前教育

安仁县在发展农村学前教育的问题上，考虑到县级财政力量薄弱的现实状况，创新工作方式解决问题。一方面是当地群众对优质农村学前教育的迫切需要；另一方面是农村闲置校舍资源的空置浪费。针对这一情况，安仁县教育行政部门快速反应，组织人员到各乡镇实地开展调研，组织当地教育工作者及群众广泛讨论，在进行充分论证之后，形成了调研报告，上报给了安仁县县委、县政府。安仁县政府于 2003 年发布了《关于发展我县幼儿教育工作的意见》，这是郴州市下辖各县中第一个以政府名义下发的关于大力发展县域学前教育的文件。文件中率先提出了保证每个乡镇举办一所乡镇中心幼儿园的目标，并提出了"公办为主，乡村普及，区域管理"的农村学前教育发展新模式。

安仁县教育局领导指出：不增加任何新的投入，通过结构重组产生结构效益，这是最具办学效益的一种变革。他将这一创新举措形象地比喻为"旧瓶装新酒"。通过利用闲置校舍等资源重组、置换的方式举办幼儿园，既节省了大笔的幼儿园建设经费，把有限的经费花到了刀刃上，又盘活了义务教育学校布局调整后过剩的教育资源，一举两得。

安仁县为加强农村学前教育师资队伍建设，努力提高幼儿教师待遇，将公办幼儿教师的工资福利及生活补贴、"三保一金"等全额纳入财政预算，三年累计投入达 1 700 余万元。为提升农村幼儿园的保教质量，2006 年以来，安仁县政府积极筹措经费，通过政府以奖代投等方式投入资金 360 余万元，建成了 22 所标准化幼儿园，确保每个乡镇拥有 1 所标准化乡镇中心幼儿园，形成了以乡镇中心幼儿园为骨干，大村独立办园，偏远村办幼儿班的学前教育发展新格局。

湖南省教育厅专家组在对安仁县学前教育发展进行评估时这样总结：安

仁县发展学前教育的经验关键在于因地制宜，一切从实际出发，在举办农村乡镇中心幼儿园时既明确了基本标准，又鼓励办出各自的特色。在幼儿园的建设中，充分考虑了各地的实际需求，既有规模较大可以容纳几百名幼儿的中心幼儿园，也有容纳几十名幼儿的简易幼儿园，还有由各年龄段幼儿组合而成的混龄班，满足了群众对学前教育的多样化教育需求。

2. 发挥示范带动作用，各地农村幼儿园"遍地开花"

2002 年，安仁县龙市乡中心小学校长单爱华在当地村小生源锐减，不得不将原有各村的义务教育学校削减合并，导致农村小学校舍闲置，农村小学师资过剩的大背景下，创新思路，将龙市乡中心小学闲置的四间教室和八位小学教师转化为当地学前教育的资源。安仁县历来就是劳务输出大县，每年外出务工人员多达十余万人，青壮劳动力占比高达 60%，有的乡镇甚至达到80%。由于外出务工、经商人员不断增加，他们年幼的孩子被迫成为"留守儿童"，只能交由祖父母或其他亲朋好友代为照顾。对于孩子的早期教育，长辈们也是心有余而力不足。虽然当地也开办了一些家庭作坊式的农村幼儿园，但办园条件、师资质量、保教质量都较差，加之缺乏有效监管，许多农村幼儿园开展的都是"小学化"的教学，严重违背了幼儿身心发展规律。基于当地群众对于家附近的优质农村幼儿园的迫切需求，单爱华校长创新式地利用龙市乡中心小学闲置的教室和师资，在安仁县办起了全县第一所乡镇中心幼儿园。龙市乡中心幼儿园起到的示范带动作用十分明显，此后，安仁县牌楼乡、平背乡、竹山乡纷纷效仿，整合闲置校舍资源，办起了乡镇中心幼儿园。

3. 积极筹措办园经费，努力降低办园成本，减轻幼儿家长学费负担

龙市乡中心幼儿园在 2003 年创办初期，只招收到了 65 名幼儿，一年后，入园幼儿人数直接翻倍增长到 132 人，园舍场地一下子就紧张了。针对这一问题，龙市乡中心小学积极争取到了中国青少年发展基金会、国家电网的资助，建了一所 40 万元的爱心希望小学，从而解决了中心幼儿园园舍场地不足的困难。龙市乡中心小学每学期还自筹 2 万多元资金，用于装修幼儿园教室和活动场地，添置玩教具，如滑梯、木马等。

牌楼乡中心小学在筹建乡中心幼儿园时，考虑到原有中心校位置较偏，

再加上场地局限，提出想将乡中心幼儿园办到该乡的联扩村，得到了村集体的积极响应。村里不仅为办幼儿园提供了场地，而且利用村校项目资金积极帮助改善办园条件。平山村、万田村村委会也积极筹集资金，为幼儿园添置桌椅，清溪镇排山乡的许多村委会也纷纷为村里的幼儿班添置设施设备，有的村干部甚至自掏腰包支持幼儿园办学。牌楼乡为了解决乡、村办园资金不足的困难，发动教师共同筹资，累计筹集资金达 15 万多元。当地个体商户卢良红在了解到牌楼乡办园经费困难的情况后，个人捐赠了 1 万余元，帮助村里幼儿园硬化活动场地。

龙海镇针对当地幼儿园活动场地狭小的困难，镇政府划拨建设用地 500 多平方米，通过现场办公会积极帮助协调解决用地问题。时任龙海镇党委书记凡雄伟说道："幼儿园办在村里，我们当干部的就有一份责任与义务，谁家都有娃娃，搞好幼儿园，造福的还是自己的后代！"龙海镇中心小学行政班子为了建好中心幼儿园，有钱出钱，有力出力，校长将家里的 4 万元购房资金支援幼儿园建设。乡中心幼儿园园长在幼儿园创建时，冒着酷暑，天天坚守工地，督促建设进度，幼儿园下水道施工期间，为节省经费支出，他亲自动手挖下水道，整整挖了两天才完成。在他的示范引领下，该园的水电装修、玻璃安装、幼儿园搬迁等，都是由幼儿园教职工亲自动手完成的，累计为幼儿园建设节省了工费 2 万余元。

时任安仁县教育局副局长段国平指出：安仁县的农村学前教育办园实行的是成本分担机制，应适当向幼儿家长收取一定的保教费用以解决幼儿园公用财政经费不足的难题。"在保障机制尚未建立的情况下，幼儿教育必须收费，但又不宜过高，必须充分考虑到本县经济发展水平和人民群众的实际承受能力，在幼儿园收费上做到统一标准、价格低廉（每期每人保教费不高于 300 元），让广大幼儿上得起园。我们每年由教育行政部门会同财政等部门，严格加强对幼儿园收费的管理和监督，杜绝收取与幼儿园入园挂钩的赞助费、支教费等，代收费用必须全额用于幼儿，不得截留或挪作他用。"想尽办法节省办园成本，也可以减轻幼儿家长的学费负担，不让农村幼儿因为交不起学费而上不起幼儿园。安仁县各地群众对于农村学前教育的发展十分欣喜，家住安仁县军山乡军山村卢古组的农妇阳吉茉在和记者的聊天过程中欣喜地表示："瞧，村子里已经办起幼儿园了！儿子媳妇外出打工赚钱也安心，我在家也不用再为看管孙子发愁操心了！"

4. 着力建设一支稳定、优秀的学前教育师资队伍

安仁县十分重视学前教育师资队伍建设，基本建成了一支"素质优良，结构合理，发展健康"的学前教育师资队伍，全县共拥有 600 名学前教育工作者，其中绝大多数是国家正式职工，且学历合格率达到 90% 以上。安仁县在建设一支优秀的学前教育师资队伍方面的经验可以总结为"调""培""补"。

"调"是指优先把现有的具有幼教专业背景的公办教师从小学调整到幼儿园，保持其公办教师性质不变。这一做法与很多地区将小学竞岗淘汰的年龄偏大的小学教师转岗至幼儿园的做法大不一样，优先考虑的是学前教育师资的专业性，而不是一味地消化义务教育阶段过剩师资。

"培"是指重视学前教育师资的岗前、职后培训，通过培训提升幼儿园教师的专业素养，从而提高幼儿园保教质量。一方面针对小学布局调整后富余的教师和工勤人员进行转岗培训，培训合格后再充实到幼儿园师资队伍中或安排到幼儿园担任保育员。另一方面，通过园本培训、专家讲座、专家现场示范指导、外出学习、跟岗培训等多样化的培训方式，进一步加强对农村幼儿园园长和骨干教师的培养工作。为了提高幼儿园教师的专业能力，龙市乡中心小学积极选派幼儿园教师参加省、市、县的各类幼教培训。例如，在 2006 年，龙市乡中心幼儿园园长徐月娥就被派往上海的优秀幼儿园跟班学习了整整半个月。

"补"是指实施幼儿教师定向委培计划，并向社会公开招聘一定数量的合格幼儿教师，从而保证有新鲜血液源源不断充实幼儿园师资队伍，确保其师资队伍年龄结构合理化。

安仁县在学前教育师资队伍建设上，也充分体现了因地制宜。结合安仁县"留守儿童"数量庞大的特点，创新式地提出让幼儿园教师充当"留守儿童"的"代理妈妈"。安仁县教育局通过思想品德、业务素质等考核，层层筛选，聘任了 300 多名优秀的幼儿园女教师，她们把"留守儿童"当作自己的子女一般关心爱护，挑起了"代理妈妈"的重担。许多"留守儿童"的父母均在外打工，只能由爷爷奶奶、外公外婆等长辈照顾，老人们独自带娃，深感责任重大，对孩子的安全看得极其重，很多不得不把孩子长期关在家里，导致部分"留守儿童"由于缺乏交际和户外活动，造成性格孤僻等问题。而农村幼儿园

"代理妈妈"们的出现，一定程度上弥补了农村"留守儿童"缺乏父母爱护及教养的问题，在促进农村"留守儿童"身心健康的发展上起到了重要作用。

在师资队伍建设方面，安仁县涌现了一批优秀的乡镇典型，如人口众多的牌楼乡。由于农村幼儿园陆续增加，幼儿园师资也较为紧缺，为防止出现临时聘请代课老师的现象，牌楼乡中心小学决定由小学出资，向社会聘请具备幼师学历的青年教师 20 余位，从而有力补充了牌楼乡新举办的幼儿园的师资力量。

5. 因地制宜，打造具有农村特色的幼儿园环境和教育

安仁县各乡镇的农村中心幼儿园在建园之初就充分坚持以农村特色为导向，重点利用农村现有条件和资源，打造、建设沙池、玩水区、玩泥区、动物角、植物园等幼儿园场地设施，让幼儿能够通过观察、体验、实践等方式，形成生活经验，从而促进其学习与发展。除了利用农村特色自然资源，安仁县各乡镇幼儿园还十分重视地方文化风俗在幼儿园保教活动中的渗透。幼儿园教师将春节、元宵节、端午节、中秋节、重阳节等传统节日与地方风俗融合起来，组织幼儿开展泥塑、米塑等地方特色游戏。

时任龙市乡中心幼儿园园长徐月峨在介绍幼儿园特色办园优秀经验时说道："我们利用农村田间、地头、河滩、山坡等场所，利用农村四季变化明显的特点，带领孩子们走出室内，到园外观看农民劳动，了解大自然，认识一年四季的变化，培养幼儿良好的生活品德。"龙市乡中心幼儿园充分利用农村优势地理环境和资源，开辟了小果园、小花园、小菜地、小饲养角，日常开展种植和饲养小动物等丰富有趣又贴近农村幼儿生活的活动。同时利用农村遍地可取的沙子、石头、木材、竹子等自然材料制作了滑滑梯、爬梯、石凳、石子路、跷跷板等游戏设施设备，利用农村的树木、花卉、盆景等自然资源美化幼儿园环境。在各班教室里则设置了小小自然角，根据不同的活动主题内容和季节变化，为幼儿提供富有农村特色的本土材料供幼儿去探索和发现。幼儿园教师还利用春、夏、秋、冬不同季节的花卉、果实、叶子、树枝、树根等自然材料，布置不同主题的教室环境。幼儿园教师还定期带领孩子们去户外观察蝌蚪、蚂蚁、蜗牛、知了、蝈蝈等小动物，用种子、果核等制作贴画，用蔬菜、瓜果等制作动物头像和小娃娃，用稻草制作草帽、鸟

窝、稻草人等,这些活动都充满了大自然的野趣。①

五、长沙市岳麓区发展农村学前教育的经验

长沙市岳麓区在大力发展公办幼儿园的战略布局上走在了湖南省的前列,是名副其实的排头兵。长期以来,由于政府对学前教育领域的财政支持力度有限,各地学前教育办园结构一直是以民办园为主体,公办园数量少,占比也极低。但长沙市岳麓区的学前教育发展,特别是公办学前教育的发展却是另一番欣欣向荣的景象。2010 年的统计数据显示:岳麓区全区共有 65 所幼儿园,其中公办园有 21 所,占比达到 32.3%,公办幼儿园入园幼儿人数占比达到了全区入园幼儿总数的 38%,岳麓区学前三年毛入园率达到了 86%,远远高于湖南省平均水平,且岳麓区幼儿园办园质量整体水平较高,其中省示范性幼儿园有 5 所,市示范性幼儿园有 2 所,区示范性幼儿园有 6 所。

长沙市岳麓区在学前教育发展方面取得如此优秀的成绩与岳麓区政府对学前教育的高度重视密切相关,时任岳麓区委书记赵建强、时任岳麓区区长陈中曾多次公开强调:"怎么重视幼儿教育都不为过,因为这不仅关系着千家万户的幸福,更关系着岳麓区的未来。"在大力推进城市化的进程中,岳麓区政府在规划学前教育用地、经费投入和师资队伍建设等方面,一直以来都坚定给予政策及资金方面的大力支持。岳麓区发展农村学前教育的经验可以总结为以下几点:

1. 加大投入力度,盘活资源发展学前教育

优质学前教育的建设离不开政府资金的大力投入。岳麓区对学前教育的大力投入可以追溯到 2000 年,2000 年到 2010 年这十年间,岳麓区区委、区政府在 20 多个新建小区兴建了配套的公办幼儿园,还对原有的规模较小的公办幼儿园进行了扩建,扩大了办园场地,大幅增加了幼儿学位,同时还对辖区内小学闲置下来的校舍进行改造,建设了一批公办幼儿园。这一系列举措都极大地满足了岳麓区大批工薪阶层和城乡中低收入群体对质优价廉的公

---

① 李旭林,李晓峰,卢德贤. 旧瓶装新酒也能散发芳香:安仁县大力发展乡村幼教纪实[J].
湖南教育(上),2010(10):10-13.

办学前教育资源的迫切需求，同时为岳麓区学前教育事业的迅猛发展，乃至长沙市的学前教育的发展起到了积极的示范与引领作用。

一方面是扩建原有的公办幼儿园的办园场地，通过扩容增量增加公办幼儿园学位，岳麓区本着"五年内保先进，十年内不落后"的改造目标，启动了对岳麓区第一幼儿园、岳麓区第二幼儿园等原有老的公办园的扩容工程。2001年至2003年分别投资180万元、220万元，对岳麓区第一幼儿园和岳麓区第二幼儿园这两所老牌公办园进行整体改造。通过整体扩容改造后，幼儿园新增了多个供幼儿游戏活动的公共功能室，如美术室、探索室、图书资料室、会议室，游戏区域也大大拓展。同时幼儿学位也大幅增加，实现了三年内每年幼儿入园人数净增三分之一，学位扩容后，三年内在园幼儿人数实现翻倍。

岳麓区加大对学前教育投入力度的举措还体现在，将义务教育学校布局调整闲置下来的校舍资源，由政府投入改建为公办幼儿园，同时，还投入资金购买民办幼儿园的资产，并将其改建为公办幼儿园。

2003年，岳麓区在已建成的四所公办园的基础上率先组建了幼教集团，提出了"集团管理、专家治园、连锁办园、滚动发展"的发展思路，并提出了"一个统一，三个不同"的管理原则。"一个统一"指的是统一规划和资源调配，"三个不同"指的是集团内的幼儿园要做到不同档次、不同风格、不同体制。2003年至2009年期间，岳麓区累计投入资金600余万元，先后将闲置的黄泥岭学校改建成岳麓区幼儿教育集团第三幼儿园，将施家岗小学改建成岳麓区幼儿教育集团第四幼儿园，将涧塘小学改建成岳麓区幼儿教育集团第六幼儿园，将天顶乡联校改建成岳麓区幼儿教育集团第七幼儿园，将螺头小学改建成雨敞坪镇中心幼儿园(岳麓区幼儿教育集团第九幼儿园)，还由政府出资购买了民办的蓝天希望幼儿园，并将其办成公办属性的坪塘镇中心幼儿园。

岳麓区幼儿教育集团第五幼儿园是由原岳麓区北津城小学改建而来，其前身是长沙市锌厂、铬盐厂、湘岳化工厂等厂矿的子弟学校，北津城小学2002年停办之后，于2004年将资产移交给岳麓区政府。岳麓区教育局结合全市规划布局，通过一个月时间对学校周边5公里范围内进行了实地调研，形成了一份详细的将北津城小学改造成幼儿园的可行性调研报告，并上报区政府，区政府也在最短的时间内做出同意的批复。岳麓区教育局前后投资200余万元对原有场地进行改建、扩建，新建了盥洗室、厨房、保卫室、风雨长廊等，添置了一批幼儿园办园设备及玩教具，前后不到4个月时间就完成了改造工作，让幼儿园顺利开园。

除利用现有资源和闲置资源进行改扩建之外，岳麓区也选址新建了一批公办幼儿园。2008年，岳麓区区委、区政府出台政策，在上级政策的引领和推动下，乡村两级对学前教育的重视程度和办学积极性大幅提升。

2009年，岳麓区天顶乡在其农民安置小区规划了配套的幼儿园建设用地，岳麓区财政投入800万元为其新建了一所12个班的高标准的乡镇中心幼儿园，并纳入了岳麓区幼儿教育集团的统一管理，成为岳麓区幼儿教育集团第八幼儿园。政府投资兴办乡镇中心幼儿园这一形式使得优质的学前教育资源迅速向农村地区普及。2010年4月，岳麓区教育局又决定将岳麓区雨敞坪镇自2009年1月闲置的螺头小学改建成雨敞坪镇中心幼儿园（岳麓区幼儿教育集团第九幼儿园）。螺头小学是由当地村民集资兴建的，现在要由政府出资改建为乡镇中心幼儿园，这一举动获得了当地乡镇干部、村集体群众的大力支持，在时任雨敞坪镇党委书记王洋和麻田村村书记夏学启的带领和沟通协调之下，村民们不仅打消了原来的卖掉学校闲置校舍分点钱的想法，还在幼儿园围墙需要向外扩出的时候，主动让出了自家的部分菜地。幼儿园建成开园时，当地村民还自发组织放鞭炮、舞龙灯等庆祝活动，表达自己的喜悦之情。

2. 一手抓规范管理，一手抓特色办园

岳麓区幼儿教育集团自2003年成立以来，十分注重科学规范管理，为了提高集团园所管理的精细化程度，2004年引入了ISO9000国际质量管理标准，最初在岳麓区幼儿教育集团第二幼儿园试行，之后向幼教集团内的其他园所广泛推广，将其运用到各园所的日常管理当中。将ISO9000标准运用到幼儿园的日常保教工作当中，将各岗位工作责任归属到人，何时何地，以什么样的标准，做什么事都有明确、具体的规定。

幼儿园自编了幼儿园日常保教工作的《程序及要求汇编》一书，里面关于给幼儿喂药，有如下要求：喂完一个登记一个，再喂下一个，依此类推，杜绝错喂、漏喂、重复喂的问题；喂完药后应当细心留意观察班级内所有服药幼儿的身体状态，如脸色、体温、精神状态、运动情况、大小便情况等。关于晨检，则要求如若发现幼儿入园时精神状态不佳，则要按步骤做好以下四项工作：向家长询问幼儿在家的身体状况及表现；询问幼儿是否有哪里不舒服，有什么不高兴的事。如果从家长或该幼儿口中得知其是由于身体不适造成的，晨检教师应进行书面记录，并将其带至医务室做初步检查，发现情况较严重者应及时通知家长或由班级教师带幼儿去医院做进一步检查；若得知是由于心情不好或有心事引起的情绪不佳，教师也应及时问清缘由，并在园内活动时予以关注和引导。

除了强调在集团内各园所实施规范化管理，岳麓区幼儿教育集团还强调差异化办园，结合各个园所的特点，办出各自的特色。例如，岳麓区幼儿教育集团第一幼儿园以健康教育为特色，岳麓区幼儿教育集团第六幼儿园是以湖湘民间艺术为特色，其余各园还有以艺术教育、环保教育、双语课程开发、远足社会实践活动、幼儿自主性绘画研究、透明化幼儿园建设等为各自的特色。

岳麓区幼儿教育集团第三幼儿园地处城乡接合部，为了帮助家长了解科学的育儿知识，更新陈旧的育儿观念，更好地开展幼儿园教育工作，他们自主创新出了一套家园社区共育的新模式。他们开通了给家长手机短信群发重要通知的功能，建立了幼儿园的官方网站，各班级建立了自己的班级 QQ 群。他们还首创"家园网校"新形式，将幼儿在幼儿园内的生活场景、学习场景、游戏场景、幼儿作品等素材用电子档案的形式上传至互联网，并呈现给家长。这一做法获得了幼儿家长及幼教同行的广泛好评，之后在全国 2000 多家幼儿园进行推广。他们还对家长学校活动的内容和形式进行了创新，如邀请幼教专家进园开展科学育儿讲座，组织召开家长育儿经验交流会，开展家长进园半日体验生活的活动，等等，并面向家长征集家庭育儿方面的日记、札记、随笔供全园家长交流、学习。除此之外，还特别注重幼儿的心理健康，幼儿园针对家长组织开展了团体心理辅导活动，对家长进行心理健康方面的科普和培训。

3. 通过集团化办园发挥优质园所的带动作用，促进园所共同发展

岳麓区在发展学前教育期间，不仅支持各类示范园所的发展，同时不忘带动区里新建园所、村办园所、民办园所的发展。岳麓区教育局秉持着共同

发展的理念办好学前教育，要把区域内的幼儿园办出不同档次、不同风格、不同体制，将全区的几十所幼儿园统筹管理、统筹规划，资源上互通有无，特色上各展所长，最终实现全区优质学前教育资源的均衡辐射，为幼儿家长提供多样化的入读选择，满足不同层次的入园需求。

岳麓区教育局提出成立幼教集团的想法之后，岳麓区资格最老的、成立于 1994 年的岳麓区第一幼儿园迅速响应。作为全省首批省级示范幼儿园，岳麓区第一幼儿园积累了优质学前教育师资。幼教集团成立后，岳麓区第一幼儿园向岳麓区幼教集团输送了一大批管理人才，其中有 7 人成为幼教集团内新成立的幼儿园的园长，还有 9 人担任了副园长、中层管理等职务。

岳麓区在发挥优质园所的带动作用时，十分强调对农村幼儿园的带动和帮扶，包括城区幼儿园对乡镇幼儿园的带动和帮助，乡镇中心幼儿园对农村村级幼儿园的指导和帮扶。

雨敞坪镇中心幼儿园（岳麓区幼儿教育集团第九幼儿园）位于岳麓区雨敞坪镇，是一所新建的乡镇中心幼儿园，雨敞坪镇在划归到岳麓区之前，属于望城，且是望城最偏远的镇之一，下辖 11 个村 1 个社区。岳麓区第九幼儿园在建园之初就得到了岳麓区幼儿教育集团第二幼儿园的大力帮扶，从结合农村幼儿园办园特色的园所设计到引入岳麓区第二幼儿园实施多年的 ISO9000 精细化管理标准，再到人员支持和相关培训，岳麓区第二幼儿园从人、财、物、管理理念等方面全方位对雨敞坪镇中心幼儿园给予支持，帮助其快速建成一所高质量的乡镇中心幼儿园。

同时，雨敞坪镇中心幼儿园的建立和发展给雨敞坪镇其他幼儿园，包括民办幼儿园和村级幼儿园的发展都起到了很好的示范引领作用。雨敞坪镇周边原有的其他五所规模较大的幼儿园，在新建的雨敞坪镇中心幼儿园的引领带动下，纷纷加大投资完善幼儿园内的各项设施设备，并努力提高师资队伍的专业化水平，使雨敞坪镇的学前教育形成了发展的合力，极大地提升了农村家长送子女到幼儿园接受学前教育的意识，雨敞坪镇适龄幼儿入园率从以前的约 30% 提升到了 80% 以上，学前教育普及成效显著。[①]

---

① 江新军，刘秋泉，李旭林，等. 先人一步的风采：长沙市岳麓区大力发展公办幼儿教育纪实[J]. 湖南教育（上），2011（1）：10-15.

第三章

2010 年以来湖南省农村学前教育的发展

2010 年，是我国农村学前教育迎来大发展、大变革之年。2010 年，《国家中长期教育改革和发展规划纲要（2010—2020 年）》（以下简称《纲要》）根据党的"十七大"提出的重视学前教育的要求，在教育发展任务中将学前教育单列出来，充分显示了国家对学前教育的重视，使得学前教育在基础教育中的地位大大提升。《纲要》还明确提出了未来十年发展学前教育的三大任务：基本普及学前教育、明确政府职责、重点发展农村学前教育。国家对农村学前教育的空前重视，推动了湖南省农村学前教育进入了飞速发展的新时期。

第一节 湖南省农村学前教育发展基本情况

自新中国成立后，我国农村学前教育几经起落，发展曲折，也是当时影响我国幼儿入园率的总体水平、制约我国学前教育普及程度的主要短板。2008 年的调查数据显示，全国城镇学前三年毛入园率约为 55.6%，农村约为 35.6%，农村地区比城镇地区低了约 20 个百分点，这也意味着有 65% 左右的农村幼儿没能接受学前三年教育；我国东部地区拥有乡镇中心幼儿园的乡镇约占 75% 以上，但中西部 22 个省（区）约有一半的乡镇没有建设乡镇中心幼儿园，村级幼儿园的数量也只占全国行政村总数的约 10%，也就是意味着我国约 90% 的行政村没有幼儿园。①

自 2008 年湖南省教育厅颁布《关于促进农村学前教育发展的指导意见》，湖南省各地乡镇中心幼儿园建设速度明显加快，经济发达地区部分乡镇甚至建有两所中心幼儿园，县镇和农村中心园覆盖率大多在 50% 以上。该文件还进一步提出："积极鼓励和提倡社会力量采取联办和股份合作等形式举办农村幼儿园，鼓励村民组织举办村级幼儿园。"

2010 年 7 月发布的《纲要》提出要重点发展农村学前教育，努力提高农村学前教育普及程度，采取多种形式扩大农村学前教育资源。2010 年年底，国务院下发《国务院关于当前发展学前教育的若干意见》强调各地要把发展学前教育纳入社会主义新农村建设之中，将幼儿园作为新农村公共服务设施统一规划，优先建设，加快发展。启动实施推进农村学前教育项目，重点支持中西部农村地区学前教育发展，重点建设农村幼儿园。2011 年，教育部牵头实施国家"学前教育三年行动计划"。这一系列政策文件无不代表了国家对学前教育，特别是农村学前教育的空前重视，湖南省农村学前教育在这样的大背景、大趋势下，也迎来了空前的发展机遇。紧跟国家政策导向，2010 年 7 月 30 日，湖南省政府发布了《湖南省建设教育强省规划纲要》，2011 年 6 月，湖南省政府召开全省学前教育工作会议，再次发布了《湖南省人民政府关于加快学前教育发展的意见》，这两个新时期引领湖南省学前教育发展的重磅文件都强调了要重点发展农村学前教育，加大农村幼儿园的建设力度。随着三期"学前教育三年行动计划"的有效推进，湖南省农村学前教育事业快速发展，农村学前教育资源不断扩大，普及程度不断提高。

相关统计数据显示，从 2010 年开始，湖南省农村幼儿园数量快速增加，2020 年湖南省农村幼儿园数量达到 4 375 所，相较于 2009 年的 2 473 所，增加了 1 902 所，农村幼儿园数量增长了约 76.91%，湖南省农村幼儿园的数量在 2015 年达到了阶段顶峰，全省农村地区共有幼儿园 5 038 所，从 2016 年开始慢慢减少；相较于农村幼儿园数量总体呈增长态势，湖南省农村在园幼儿人数却经历了从增加到下降的趋势，湖南省农村在园幼儿人数 2020 年达

① 刘占兰. 农村学前教育是未来十年发展的重点：《规划纲要》确定普及学前教育的重点与难点 [J]. 学前教育研究，2010(12)：3-4.

到 446 440 人,相较于 2019 年的 458 014 人,减少了 11 574 人,农村在园幼儿人数减少了约 2.53%。具体统计数据见表 3-1。

表 3-1　2009—2022 年湖南省农村学前教育事业发展数据①

| 年份 | 幼儿园数/所 | | | 在园幼儿数/人 | | | 教职工数/人 | | |
	合计	农村	农村占比	合计	农村	农村占比	合计	农村	农村占比
2009	6 453	2 473	38.32%	1 207 899	492 672	40.79%	69 731	—	—
2010	7 829	3 179	40.61%	1 419 053	587 691	41.41%	88 538	—	—
2011	9 488	3 390	35.73%	1 637 353	528 287	32.26%	107 361	21 481	20.01%
2012	11 030	4 029	36.53%	1 764 130	546 946	31.00%	126 187	26 456	20.97%
2013	12 236	4 498	36.76%	1 912 383	576 865	30.16%	143 739	30 134	20.96%
2014	12 935	4 682	36.20%	2 031 687	605 976	29.83%	157 461	33 116	21.03%
2015	13 944	5 038	36.13%	2 166 259	613 183	28.31%	175 737	36 315	20.66%
2016	14 365	4 753	33.09%	2 249 266	592 642	26.35%	195 150	37 603	19.27%
2017	14 670	4 328	29.50%	2 289 930	531 142	23.19%	212 600	37 026	17.42%
2018	15 166	4 290	28.29%	2 252 213	474 444	21.07%	228 300	37 051	16.23%
2019	15 717	4 358	27.73%	2 276 122	458 014	20.12%	244 400	37 976	15.54%
2020	16 285	4 375	26.87%	2 313 877	446 440	19.29%	258 800	38 946	15.05%
2021	16 312	4 257	26.10%	2 293 887	408 434	17.81%	268 230	38 018	14.17%
2022	15 998	3 912	24.45%	2 159 955	341 047	15.79%	261 226	33 287	12.74%

　　从 2009 年开始,湖南省农村幼儿园教职工人数除 2017 年小幅减少之外,从 2009 年到 2021 年间,一直呈稳步增长态势,这一增长直到 2021 年才结束。从表 3-1 中的数据可知,近十来年,虽然农村幼儿园数量增幅明显,但是农村幼儿园数量在全省幼儿园数量中的占比却呈下降趋势,由此可知全省新增幼儿园中城市和镇区幼儿园的增幅明显大于农村幼儿园。表 3-2 数据显示,2009 年湖南省农村幼儿园数量>镇区幼儿园数量>城市幼儿园数量,但 2022 年,这一排名发生了明显变化,湖南省镇区幼儿园数量最多,而农村幼儿园数量排在最后,这一数据也反映了城市化进程下湖南省农村适龄幼儿流

---

　　①　数据来源于湖南省教育管理信息中心。

失严重的现状。2009—2022 年湖南省幼儿园数量的城乡差异数据见表 3-2，2009—2022 年湖南省农村幼儿园数量占比变化见图 3-1，2009—2022 年湖南省幼儿园数量变化的城乡差异见图 3-2。

表 3-2　2009—2022 年湖南省幼儿园数量的城乡差异数据①

年份	幼儿园数/所			
	合计	农村	镇区	城市
2009	6 453	2 473	2 328	1 652
2010	7 829	3 179	2 777	1 873
2011	9 488	3 390	3 542	2 556
2012	11 030	4 029	4 196	2 805
2013	12 236	4 498	4 710	3 028
2014	12 935	4 682	5 010	3 243
2015	13 944	5 038	5 531	3 375
2016	14 365	4 753	5 914	3 698
2017	14 670	4 328	6 340	4 002
2018	15 166	4 290	6 472	4 404
2019	15 717	4 358	6 669	4 690
2020	16 285	4 375	6 790	5 120
2021	16 312	4 257	6 799	5 256
2022	15 998	3 912	6 728	5 358

从 2009 年开始，农村幼儿园教职工人数在全省教职工总数中的占比呈逐年下降趋势，由此可知全省新增幼儿园教职工中城市和镇区幼儿园教职工的增幅明显大于农村地区。从表 3-1 中的数据可以看出，2015 年农村幼儿在园人数达到一个小高峰后开始逐年下降，但农村幼儿园数量和农村幼儿园教职工人数的下降幅度却相对平缓，其中农村幼儿园数量在 2017—2020 年间相对稳定，而农村幼儿园教职工人数的下降幅度则更小，且在 2018—2020 年间还有小幅增长。这反映了农村地区学前教育的普及程度在进一步提升，且农

① 数据来源于湖南省教育管理信息中心。

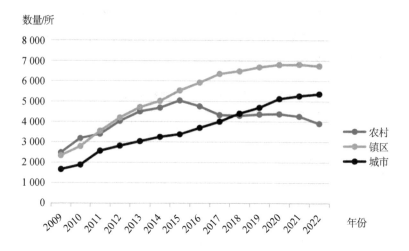

图3-1 湖南省农村幼儿园数量占比变化图

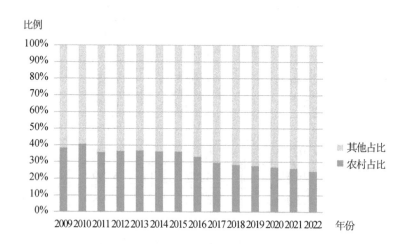

图3-2 湖南省幼儿园数量变化城乡差异图

村地区加强学前教育师资队伍建设的工作取得了一定的成效，农村地区幼儿园师资缺乏、师幼比极不合理的问题正在逐步改善。2011—2022年湖南省幼儿园教职工数量的城乡差异具体数据见表3-3，2011—2022年湖南省幼儿园教职工数量变化的城乡差异见图3-3，2011—2022年湖南省农村幼儿园教职工数量占比变化见图3-4。

表 3-3 2011—2022 年湖南省幼儿园教职工数量的城乡差异数据①

年份	幼儿园教职工数/人			
	合计	农村	镇区	城市
2011	107 361	21 481	42 011	43 869
2012	126 187	26 456	51 148	48 583
2013	143 739	30 134	59 224	54 381
2014	157 461	33 116	64 077	60 268
2015	175 737	36 315	74 741	64 681
2016	195 150	37 603	84 836	72 711
2017	212 600	37 026	93 298	82 311
2018	228 300	37 051	98 841	92 396
2019	244 400	37 976	103 959	102 470
2020	258 800	38 946	107 082	112 777
2021	268 230	38 018	110 686	119 526
2022	261 226	33 287	107 591	120 348

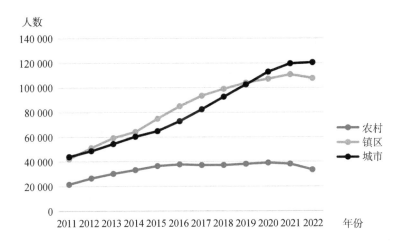

图 3-3 2011—2022 年湖南省幼儿园教职工数量变化城乡差异图

① 数据来源于湖南省教育管理信息中心。

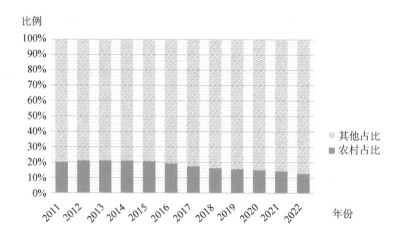

图 3-4 2011—2022 年湖南省农村幼儿园教职工数量占比变化图

2009—2015 年间，虽然湖南省农村幼儿园数量不断增加，但是农村幼儿在园人数并没有随之增长，而是呈小幅波动态势，从 2015 年开始逐年下降。2022 年，湖南省农村在园幼儿人数为 341 047 人，相较于 2009 年的 492 672 人，减少了 151 625 人，降幅达到 30.78%。2009—2022 年湖南省幼儿园在园幼儿人数的城乡差异具体数据见表 3-4，2009—2022 年湖南省幼儿园在园幼儿人数变化的城乡差异见图 3-5，2009—2022 年湖南省农村幼儿园在园幼儿人数占比变化见图 3-6。

表 3-4 2009—2022 年湖南省幼儿园在园幼儿人数的城乡差异①

年份	在园幼儿数/人			
	合计	农村	镇区	城市
2009	1 207 899	492 672	464 338	250 889
2010	1 419 053	587 691	552 415	278 947
2011	1 637 353	528 287	708 957	400 109
2012	1 764 130	546 946	779 583	437 601
2013	1 912 383	576 865	855 284	480 234
2014	2 031 687	605 976	907 548	518 163

① 数据来源于湖南省教育管理信息中心。

年份	在园幼儿数/人			
	合计	农村	镇区	城市
2015	2 166 259	613 183	100 4833	548 243
2016	2 249 266	592 642	1 055 846	600 778
2017	2 289 990	531 142	1 101 776	657 012
2018	2 252 200	474 444	1 068 168	709 601
2019	2 276 100	458 014	1 057 355	760 753
2020	2 313 900	446 440	1 043 118	824 319
2021	2 293 887	408 434	1 021 086	864 367
2022	2 159 955	341 047	952 205	866 703

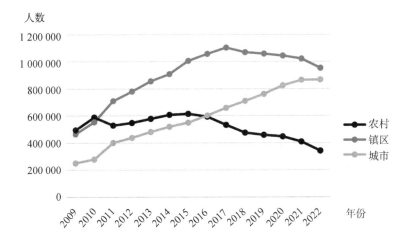

图 3-5　2009—2022 年湖南省幼儿园在园幼儿人数变化城乡差异图

　　结合湖南省农村幼儿园数量及幼儿园教职工数量一起分析，我们可以发现，虽然农村幼儿在园人数并没有明显增长，且从 2015 年开始还在逐年减少，但是农村幼儿园数量及农村幼儿园教职工数量并没有随之大幅下降。这是因为原本农村地区学前教育资源较缺乏，公立幼儿园数量较少，且幼儿园师资紧缺，并不能完全满足农村地区适龄幼儿的入园需求，因此在提出重点发展农村学前教育的任务之后，湖南省农村地区公立幼儿园数量有所增加，

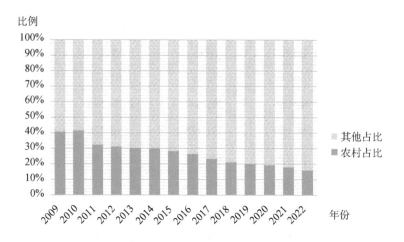

图 3-6　2009—2022 年湖南省农村幼儿园在园幼儿人数占比变化图

农村幼儿园教师数量也有所增长，公立学前教育资源的增长在一定程度上减缓了农村学前教育资源的大幅收缩，农村学前教育资源紧缺的问题得到了极大的改善，农村学前教育普及程度大幅提高，且农村幼儿园师幼比也渐趋合理。随着城市化进程的加快，农村人口大幅减少，农村适龄幼儿人数也快速减少，而县镇和城区的人口则不断增长，因此城镇幼儿园数量也随着人口的迁入而不断增加，这使得农村在园幼儿人数在全省的占比也不断减少，县镇和城市地区在园幼儿人数的占比则不断增加。从 2021 年开始，随着出生人口数量显著减少，湖南省学前教育规模也将逐步缩小，且农村地区由于人口外流，农村的幼儿园数量、幼儿园教职工数量、在园幼儿人数的下降都会比县镇和城市地区更为迅速。

我们在总结 2010 年以来湖南省农村地区学前教育发展取得的成绩的同时，也应发现其存在的一些普遍问题。相较于义务教育阶段，学前教育社会关注度低，政府财政经费投入少，城乡发展极不均衡，农村学前教育发展长期落后。

2010 年 5 月，湖南省邵阳市人民政府教育督导室组织了 3 个调研小组对八县一市三区的农村幼儿园开展了为期近两个月的抽样调研。调研组将邵阳市所有乡镇按学前教育发展水平分成好、中、差 3 类，每类至少随机抽取 1 个乡镇，每个县市区抽取 4 个乡镇，所抽取的每个乡镇抽查 3 所幼儿园（乡镇中心幼儿园必查），共调研了 93 所幼儿园，分别从幼儿园的办学条件、办园规模、教育内容、保健情况、管理情况、收费和开支情况等 6 个方面对农村学前教育发展情况进行全方位调查了解。

调查统计发现，2010 年邵阳市共有幼儿园（学前班）1 545 所，其中公办幼儿园 50 所，农村小学附设的学前班 159 所，幼儿在园人数达 179 441 人，其中城市幼儿 59 970 人，农村幼儿 119 471 人，全市 3—5 岁幼儿毛入园率约64.96%。2009 年召开学前教育现场会后，邵阳各县市区多渠道筹集资金，多种形式创办乡镇中心幼儿园，2010 年，邵阳市 200 个乡镇已建成乡镇中心幼儿园 120 所，占比达 60%。

此次调研分析了邵阳市农村学前教育发展的主要问题：

一是区域发展不平衡、总体质量不高。调查发现，县城与农村学前三年毛入园率相差达到 25% 以上，有些经济条件较好的乡镇建有 3~4 所合格幼儿园，而有些较偏僻的乡镇 1 所合格幼儿园都没有。

二是农村地区学前班仍然较多。从表面数据上看农村地区 3—5 岁幼儿的入园率大幅提升了，但农村地区学前教育沿用学前班的办班模式没有改变，农村学前教育在规模扩张的同时存在着较大的质量问题。许多农村幼儿园办园理念陈旧，学前教育"小学化"倾向严重，在课堂上教幼儿计算、识字、拼音、讲故事、读儿歌等内容。尤其是一些无证经营的民办幼儿园，一味迎合家长"望子早成才"的要求，提前开展汉语拼音、加减法教学，减少了幼儿的游戏活动时间。

三是农村学前教育管理力量薄弱。县市区教育局仅有一名干部兼管幼教，乡镇一级基本没有幼教辅导员，农村学前教育管理总体上较为薄弱，既没有对农村幼儿教师的资格审定、考核和培训，也很少有对农村学前班和幼儿园的业务指导。

四是农村学前教育经费缺乏，师资队伍不稳定。农村学前教育既没有稳定的经费来源，也没有稳定的师资队伍。从农村公办园来说，一些农村幼儿园因为教师流失而被迫停办，有的乡镇中心幼儿园由于后续投入不足而难以为继。但是与此同时，由于办私立幼儿园有钱赚，群众办园热情很高，但其中许多并不满足基本的办园条件，导致无证办园现象层出不穷。邵阳市农村学前教育师资力量极其薄弱，师生比严重失调，农村地区大部分民办幼儿园都是一个教师带一个班，还兼做保育员和厨师。农村幼儿教师中具有学前教育专业毕业证书的和幼儿园教师资格证的总共占比不足30%，许多民办幼儿园为了最大程度降低教师工资开支会聘请一些毫无专业经验且未受过专业训练的中专生和高中生，甚至还有一些农村幼儿园会聘请完全没有受过任何训练的农村妇女担任幼儿教师。农村学前教育师资队伍整体素质和水平低下，且农村民办幼儿园的幼儿教师工资大多在1 000元/月左右，没有购买三险一金，一般是一个人包一个班，师幼比严重不足，工作强度非常大。因为工资和待遇的问题以及办园者的随意，造成农村幼儿园教师队伍的流动性非常大，许多幼儿园经常走马灯似的更换老师。

五是农村办园条件普遍较差，安全隐患大。除一些经济发达的乡镇有规模较大的幼儿园外，大部分农村幼儿园房屋又小又旧，采光差，教学设备简陋，许多幼儿园连幼儿基本的活动空间都无法保证，缺乏可供幼儿操作的玩教具材料，安全和卫生条件也达不到要求。甚至有的幼儿园没有适合幼儿身高的桌椅，只能用小学生课桌椅或家用餐桌椅替代，还有的幼儿园没有幼儿专用的厕所。农村幼儿园的安全设施也不完善，办园者安全意识缺乏。有的办园者利用废弃的场地和房屋，有的自行修筑几间民房就办起了幼儿园，房屋设计施工、设施安装不规范，多处有危险的棱角。有的幼儿园没有门卫，甚至没有围墙；有的户外活动场地不平整。不仅如此，农村幼儿园接送幼儿的校车超载更是普遍现象，一台8坐小面包车一次性接送20个幼儿的情况比比皆是。

调研组还结合实地调研情况分析总结了邵阳市农村地区学前教育艰难发展的主要原因：

一是农村学前教育的发展长期以来不受重视，儿童发展观陈旧落后。大多数家长、幼儿教师等对学前教育的价值都缺乏充分的认识。由于许多幼儿教师缺乏学前教育专业知识，他们把儿童的发展片面地理解为是智力的发展或是知识和技能的学习，导致当前农村学前教育中"小学化"现象十分普遍。调研过程中部分受访者认为学前教育就是"看孩子"，"只要管好不出事就行"，"幼儿期又不学什么东西，这一时期的教育作用不大，影响不大"；也有的受访者认为幼儿园是城市的东西，农村没有条件办，即使办了，农村孩子也上不起，再者农村人也没有那么高的要求，能认识几个字，背背唐诗，认识几个数字就可以了。这些陈旧的观念都极大地阻碍了农村学前教育的发展。

二是农村学前教育缺乏政策支持，且法规执行不力。虽然多个政策文件都明确指出学前教育是基础教育的重要组成部分，但在实际执行过程中，农村学前教育并没有被纳入基础教育的常规管理当中。邵阳市人民政府在2009年3月转发了由邵阳市教育局等部门联合发布的《关于推进学前教育改革和发展的意见》，但在调研过程中发现，约90%的农村幼儿教师表示没有听说过这个文件，对学前教育领域的规范性文件《幼儿园教育指导纲要》也纷纷表示不清楚。这表明农村地区学前教育的专业性和规范性都十分欠缺，且没有组织相关专业知识的学习和培训。

邵阳市发布的《关于推进学前教育改革和发展的意见》要求，"各县市区应规划乡镇中心幼儿园建设，制定三年推进计划，确保2012年每个乡镇办一所中心幼儿园。同时，各县市区要把中小学布局调整后闲置的资产优先发展学前教育"。但是由于该文件没有明确规定乡镇中心幼儿园是由政府投资还是民间集资，导致了许多乡镇中心幼儿园都是民间投资的，保教质量并不好，且中小学布局调整的闲置校舍一般也是以租赁的形式转租给民办幼儿园使用。这一文件还明确提出"城区小学和乡镇中小学以及社会力量举办的中小学，不得附设学前班和幼儿园，不得把入学与其小学入学挂钩"，但调研发现，事实并非如此，很多小学都附设了幼儿园或学前班。一些孩子上了幼儿园又上学前班，汉语拼音在幼儿园学了，到学前班又重复学，进入一年级还要重新学。究其原因，主要是利益驱动，学前班不属于义务教育范畴，可以收取费用，许多学校把办学前班所收的费用用来解决小学教师的福利，因此部分小学以区域内学前教育资源不足为理由，不断扩大小学附设学前班的招生规模，有的小学学前班一个班人数多达70人，有的小学甚至把小学入学名额和学前班入学挂钩。

邵阳市民办幼儿园中无证办园的现象并不鲜见，调查发现，一方面是由于当地教育行政部门宣传力度不够，许多幼儿园举办者不清楚登记注册程序，更不了解办园条件和标准，没有登记注册，没有审查资格，举办者可以随意招收幼儿办班，因此觉得不办证也没关系，用群众的话说就是"办幼儿园跟开个商店差不多，谁想办就可以办"。另一方面是这些无证幼儿园因为办园成本低，不从改善办园条件、提高保教质量上下功夫，反而为了争抢生源大打"价格战",严重损害了正规园所的利益,极大扰乱了办园秩序。

三是学前教育经费投入严重不足。长期以来,在各级各类教育中,农村学前教育的经费投入不足是最为突出的,严重制约了农村学前教育的发展。长期以来,我国学前教育形成了以民办幼儿园为主体的办园模式,因此政府教育经费的投入十分有限,而有限的经费又主要投入到了城市公办幼儿园,对农村学前教育的投入微乎其微。与此同时,民办幼儿园所收保教费长期没有得到管理,很多民办幼儿园在办园过程中,极力压缩办园成本,克扣幼儿教师待遇和幼儿在园开支,最大程度获取办园利润。这些都严重影响了农村地区学前教育的发展和保教质量的提升。

四是农村幼儿教师待遇差,基本权益得不到保障,师资队伍整体素质低且流动性大。农村幼儿园的工作环境相较城市幼儿园有很大差距,且部分农村幼儿园地处偏僻、交通不便,难以吸引合格师资前来任教。再加上农村学前班基本上是一个老师管一个班,没有配备保育员,农村幼儿教师往往需要身兼数职,有的老师既是园长,又是教师,又是保育员,还是炊事员,过大的班级规模和过低的师幼比,使得农村幼儿教师每天都处在高度忙碌和紧张之中。与此同时,农村幼儿教师身份的不明朗,极大地伤害了幼儿教师的自尊心,影响了她们工作的积极性和热情,也使得农村幼儿教师不能依法维护自己的基本权益。不仅如此,农村幼儿教师缺乏职后培训的机会,专业发展举步维艰。本次调研发现除新宁县有开展农村幼儿教师的培训外,大部分县市区都没有将农村幼儿教师培训纳入当地的师资培训计划,此次调研访谈的幼儿教师,最近五年内都没有参加过任何专业培训。再加上农村地区信息相对闭塞,专业图书资料少,幼儿教师也很难通过业余时间的自学提升自己的专业素养,保教质量难以保证。[1]

时任邵阳市副市长的李兰君强调要发展农村学前教育,必须明确各级政府部门的职责,建立健全"以县为主、乡镇参与、部门配合"的学前教育管理体制。但她同时也指出,强调政府对农村学前教育的投入责任,并不意味着政府要大包大揽,在政府经费投入有限的情况下,可以采用"公有民办""民

---

① 湖南省人民政府教育督导室. 关注人生第一道坎:邵阳市学前教育现状调研[EB/OL].(2010-11-23)[2024-08-21]. https://jyt.hunan.gov.cn/jyt/sjyt/xxgk/gzdt/tpxw/201701/t20170121_3956359.html.

办公助"等多种形式，多渠道为发展农村学前教育筹措经费，从而更好地促进农村学前教育的发展。① 邵阳市针对学前教育发展状况的深入调研和分析，对湖南省内其他地区具有非常重要的借鉴意义。

2010 年，湖南省湘西自治州在总结其区域内学前教育发展情况时，指出湘西自治州教育面临着城乡教育发展不均衡，农村地区教育显著落后于城镇地区。各类教育发展也极不均衡，呈现出两头轻、中间重的状态，两头指的是学前教育阶段和高中阶段职业教育，中间则指义务教育阶段。在九年制义务教育普及的任务推进过程中，地方政府教育经费向义务教育阶段倾斜，其余教育阶段获得的政策、经费支持远远不足。湘西自治州的学前教育发展较为缓慢且欠缺规范，由于当地学前教育办学的主体是民办幼儿园，其办园目的都是追求经济利益，普遍存在办学场地等基本条件不达标、师资力量差、教育质量低下等问题。例如，湘西自治州泸溪县，其县内学前每个年龄段的入学比例都只有 25% 左右，教育行政部门领导直言，其县内三分之二以上的幼儿园都不符合达标条件；农村幼儿园师资质量也极差，许多民办幼儿园都是按全家上阵，亲戚朋友来帮忙的家庭式幼儿园的模式办园的，根本没有专业师资负责幼儿园的保教工作，从而也导致了教育教学方式落后，保教质量低下的问题。②

2011 年，湖南师范大学杨莉君教授对中部地区四省（湖南、江西、河南、湖北）的农村学前教育事业发展状况进行了调查，分析了中部地区农村学前教育事业发展的主要问题，并提出了一系列解决策略。

调查发现，当时湖南省农村地区学前教育发展存在的主要问题包括：

学前教育区域发展情况极不均衡。调查数据显示，湖南省会长沙，在湖南省内经济发展水平相对最高，其学前三年毛入园率约为 76.74%，而与之相比的湘西地区，由于地处偏远山区，经济发展水平一直落后，其学前三年毛入园率仅约为 20.53%，两者间差距巨大。差距明显的还有教师编制配比情况，湖南省幼儿园教师在编占比最高的地区是郴州地区，有编制的幼儿园教师占比约为 28.22%，而占比最低的益阳地区，其幼儿园教师在编占比则

---

① 刘秋泉，陈孝华. 教育强市：一场举全市之力的总体战：邵阳市人民政府副市长李兰君访谈 [J]. 湖南教育（上），2011（1）：19.

② 秦平. 自治州教育均衡发展存在的问题与对策思考 [J]. 湖南教育（上），2010（3）：32-34.

只有约 8.53%。这一系列数据表明，湖南省幼儿园教师的在编比例普遍偏低，且农村地区由于公立幼儿园数量极少，其幼儿园教师的在编比例更是低到可以忽略不计。

农村幼儿入园率低，农村幼儿园数量无法满足农村幼儿就近入园需求。调查发现，虽然农村幼儿园总的数量并不少，但符合办园基本要求的幼儿园很少，大多数农村民办园都没有办理登记注册手续，且农村幼儿普遍住得较为分散，因此能满足农村幼儿就近入园条件的幼儿园数量并不多，这一系列因素导致农村地区幼儿入园率普遍偏低。数据显示，被调查的四省农村幼儿学前三年入园率平均数仅约为 46%，学前一年入园率也只有约 71%。

农村幼儿园绝大多数办园条件差，选址、布局不符合规定。农村地区幼儿园选址布局不合理、分布不均衡的问题较为突出。调查发现，有的乡镇辖区面积大，方圆数十里分布着上百个自然村，仅在镇中心有一所规模较大的公办幼儿园，其他地区就只有几所办在农村自建房的家庭作坊式民办幼儿园。此外，农村地区由于民办园多，且多是办在自建房，因此也谈不上选址的科学性，园舍也不是按照幼儿园的标准设计建造的，也没有配备必要的活动场地和玩教具设施。调查发现，有的农村幼儿园甚至就开在有污染的工厂旁；有的农村幼儿园教室空间狭小，通风条件不佳，缺乏必要的幼儿活动空间；有的农村幼儿园教室房屋陈旧，存在安全风险。大部分农村民办园都存在以下普遍性的问题，包括户外运动和游戏场地不足，玩教具、户外运动器械和幼儿读物缺乏，基本卫生条件较差，保洁消毒不规范，等等。

农村地区学前教育管理体制不完善，教育经费投入不足。虽然 2003 年国家教育部发布的《关于幼儿教育改革与发展的指导意见》中明确了农村幼儿教育的管理体制。但实地调查发现，农村地区并没有真正形成相对完善的管理体系，仍存在较多问题与漏洞。例如，负责管理农村地区学前教育的县教育局干部大多同时管理了很多事项，身兼数职，且基本不具备学前教育专业背景，因此也只能承担一些开会、评比、检查幼儿园工作等基本事务，没有多余的精力和足够的能力来全局规范和具体指导全县的农村学前教育事业发展。乡镇一级则基本没有干部负责学前教育工作，有的县教育局只能委托乡镇中心小学负责管理本辖区的学前教育工作，而乡镇中心小学的管理权限极为有限，权力小责任大，对幼儿园的管理很难到位，大多数管理难以落实下去。农村学前教育经费投入不足，缺乏稳定的经费来源也是一直以来制约农村学前教育发展的重要因素。长期以来，国家对农村学前教育投入的财政性经费很少，且这部分经费往往直接投向了县级公办园和乡镇中心幼儿园，其他农村地区幼儿园基本得不到来自政府的财政支持。调查数据显示，被调查的中部地区 12 个县，没有任何一个县级财政设立了扶持农村学前教育的专项经费，农村幼儿园的办园经费几乎都来自向家长收取的保教费。

调查组还根据调查数据，分析总结了制约湖南省农村学前教育发展的主要因素：

一是湖南省内各级地方政府缺乏对学前教育重要性的充分认识。虽然从湖南省委、省政府的层面，已经将学前教育发展列入了湖南省教育事业发展总体规划，并制定了明确的发展目标及发展举措，但落实到地方政府及教育行政部门，仍然因对学前教育重要性认识不足，而出现重视、优先发展九年制义务教育，忽视发展学前教育的情况，特别是省内农村地区，由于教育经费捉襟见肘，往往出现推脱发展学前教育的责任的情况。

二是湖南省各级政府对学前教育领域的经费投入严重不足。虽然国家出台了一系列发展和支持学前教育的政策文件，但是地方政府没有及时建立起对学前教育经费投入的保障机制，对公办幼儿园的教育经费投入主要体现在由政府财政发放在编幼儿园教师的工资，而农村地区公办幼儿园数量极少，地方政府的教育经费基本没有覆盖完全，而对民办幼儿园，政府财政则没有任何投入。

三是缺乏专门管理学前教育的人员。在地方政府教育行政部门管理岗位设置的层面，缺乏专门管理学前教育的人员，幼教专干绝大多数需要兼管多项基础教育工作，分身乏术，导致对学前教育规划、管理的精力不足。不仅如此，他们虽然是幼教专干，但绝大多数并不具备学前教育专业背景，缺乏对学前教育的科学认识，不了解幼儿园的具体业务，无法担负起对幼儿园工作的指导责任。除此之外，学前教育的监管职责划分不清晰，导致批管分离、多头管理的问题屡见不鲜，监管体系难以发挥其真正的作用。[①]

2011 年，湖南省湘西土家族苗族自治州在规划地区学前教育发展时，深

① 杨莉君，曹莉. 中部地区农村学前教育事业发展存在的问题及解决对策[J]. 学前教育研究，2011(6)：21—26.

入分析和总结了存在的问题及原因，在此基础上有针对性地提出了解决策略，从而能更为有效地发展当地的学前教育。湘西自治州学前教育的发展主要面临以下问题：

一是学前教育普及率低，落后于全省平均水平。湘西自治州学前三年毛入园率约为45.3%，低于50.9%的全国平均水平，且学前一年毛入园率和学前两年毛入园率也落后于全国和全省的平均水平。学前教育普及率低，究其原因主要是以前当地对学前教育的重视程度不高，投入不足，缺乏管理和规划。

因此，要发展学前教育，首先要各级政府和教育部门转变思想观念，充分认识到学前教育对社会经济发展和儿童自身发展的重要性和价值，将学前教育摆在更加重要的位置。各级政府和教育部门要根据当地经济、社会的发展情况制订并落实各地区学前教育发展规划，且在规划时应着眼长远，给未来普及学前三年教育留足发展空间。湘西自治州地处山区，沟谷陡坡相互交错、山峦叠嶂，在这样的群众居住较为分散的山区普及学前教育较为困难，且考虑到幼儿年龄小，幼儿园布局需满足幼儿就近入园的需求，因此幼儿园的建设规划、布局都应充分结合当地特点，因地制宜。同时提出可以积极鼓励示范性幼儿园采取集团化、连锁化模式在农村地区举办幼儿园，在行政村独立或联合举办分园，从而有效扩大农村地区的优质学前教育资源的供给。

其次，要坚持"重点带动、典型引路"的思路，重点优先解决一批具有示范带动作用的乡镇中心幼儿园的建设，以及集中村寨的幼儿园的建设，再逐步向其他区域铺开，最终实现学前教育的普及。幼儿园改扩建可以优先利用农村义务教育布局调整后闲置的校舍，虽然是利用现有资源进行建设，但幼儿园的建设也要严格依照湖南省政府教育督导室下达的文件标准，避免出现由于建设不规范，建了撤、撤了重建的浪费资源的情况。例如，湘西自治州吉首市洋田村小学、林木山村小学、龙山县农车小学等都已改建成了幼儿园，保靖县复兴镇中心幼儿园、龙山县召市镇中心幼儿园都是利用当地闲置的小学校舍资源建立起来的。尽管如此，闲置校舍的整体利用率依旧不高，截至2013年，湘西自治州闲置校舍真正用于教育的，只占闲置校舍总量的约4%。[①]

---

① 包太洋. 关于自治州农村闲置校舍的调查与思考[J]. 湖南教育(上)，2014(1)：23.

湘西自治州发展学前教育面临的问题之二便是公办幼儿园办园质量较好，但占比少，公办学前教育资源不足。湘西自治州下辖158个乡镇，现仅有40所乡镇中心幼儿园，且公办幼儿园仅占全州幼儿园总数的约10.48%，公办幼儿园在园幼儿人数9 011人，也仅占全州在园幼儿总数的约14.70%，公办学前教育资源严重短缺。民办幼儿园占比大，但办园条件普遍较差，设施设备简陋，活动场地、游戏空间狭小，无法提供有质量的学前教育，且家庭作坊式的民办幼儿园在农村占极大比例。另外，幼儿园食堂建设也是大问题，许多民办幼儿园仅能保证幼儿在园吃饱，部分幼儿园中餐就提供两个菜，菜谱也很单一，做不到保证幼儿在园饮食的营养充足且多样均衡，不利于幼儿健康成长。因此，地方政府要加快公办幼儿园的建设工作，提高公办幼儿园的占比，为广大群众提供充足的、优质的公办学前教育资源。与此同时，要规范民办幼儿园的开办与管理，督促和支持民办幼儿园改善办园条件，提高保育教育质量。①

　　2012年，湖南省益阳市资阳区茈湖口镇对当地农村学前教育发展情况进行了走访摸排，总结了当地农村学前教育发展的几个特点：

　　一是农村幼儿家长普遍不重视学前教育，认为学前教育可有可无。调查发现，茈湖口镇的农村家庭中，许多幼儿家长仅接受过九年义务教育，这些受教育程度较低的家庭没有让幼儿接受学前教育的意识。教育行政部门工作人员入户走访时发现，有30%左右的家长认为孩子没必要接受学前教育，能在上小学以前知道简单的数数，或者能背几首简单的唐诗就可以了，直接进小学再学习就行；有约20%的家长认为在家庭条件允许的情况下会选择让孩子接受学前教育；仅有约10%的家长认为孩子必须接受正规的学前教育；而另外约40%的家长则是表示不一定，看情况，没有给出确切想法。农村幼儿家长的这些想法，也在一定程度上表明了农村学前教育宣传工作还十分不到位，农村幼儿家长对学前教育的重要性的认识还十分不足，需要进一步加大宣传的力度，开展和落实学前教育宣传月等宣传活动。另一方面的原因则是，农村家长对于幼儿园收费的不认可。茈湖口镇农村幼儿园的收费大约在每月240元左右，包含了车辆接送费用，有部分幼儿家长觉得相较于中小学

---

　　① 秦平. 自治州学前教育发展存在的问题及对策思考[J]. 湖南教育(上)，2011(12)：34-36.

义务教育阶段的收费，幼儿园的学费开支太高，能省则省，没必要在这么小的孩子身上花"冤枉钱"。

二是当地农村幼儿园师资力量薄弱。统计发现，茈湖口镇的学前教育办学形式以农村小型民办幼儿园和学前班为主，幼儿教师大多为初、高中毕业生，学前教育专业背景出身的幼儿教师极少，甚至部分家庭作坊式幼儿园直接让亲戚朋友、农村家庭妇女来帮忙带孩子。因此，要发展当地农村学前教育，教育部门要着重解决当地农村学前教育师资力量薄弱的问题，可以通过吸纳中师及中师以上学历学前教育专业毕业生到农村幼儿园工作，加强对职业中专、幼师函授的毕业生的职后培训等方式来提升农村学前教育师资队伍的专业素养与能力。另外，为了稳定现有的农村幼儿教师队伍，政府应该探索实施农村幼儿教师最低工资保障制度等提升农村幼儿教师工资、福利待遇的举措，进一步提升农村幼儿园对学前教育专业毕业生的就业吸引力，从而吸引学前教育专业的优秀人才到农村幼儿园来任教，真正提升农村学前教育师资队伍的质量。[1]

2015 年 6 月，湖南省人民政府办公厅印发了《湖南省实施第二期学前教育三年行动计划（2015—2017 年）》，深入剖析了湖南省学前教育发展面临的困难和问题：一是学前教育财政投入仍然不足，公办幼儿园占比较低，普惠性民办幼儿园建设推进困难；二是学前教育发展配套政策难以出台，有关公办幼儿园教师编制及待遇问题亟待解决；三是城乡发展不平衡，保育教育质量差距较大，农村幼儿园"小学化"倾向仍然较严重。

有学者根据 2006—2016 年的《中国教育统计年鉴》《中国教育经费统计年鉴》的数据，从学前教育机会、学前教育投入、学前教育质量、学前教育公平四个方面分析研究了不同省份学前教育综合发展水平，其中也包括了湖南省的学前教育综合发展情况。

从反映学前教育机会的"小学新生中接受过学前教育的比例"这一数据可以知道，我国小学生中接受过学前教育的比例逐年上升，且农村地区的增幅比例大于城镇地区，使得城镇与农村地区之间的差异逐年缩小，学前教育公

---

① 曹志勇，宋家科. 农村学前教育的调查与思考：以益阳市资阳区茈湖口镇为例[J]. 湖南教育（上），2012（9）：34-35.

平性切实提高。而湖南省城镇及农村小学新生中接受过学前教育的比例均高于全国平均水平，处在全国领先的地位，但是学前教育投入、学前教育质量等方面的指标得分较低，从而使得湖南省的学前教育发展综合水平在全国范围内处于落后区间，仅高于江西省和广西壮族自治区，湖南省加大学前教育领域投入，提升学前教育质量的任务仍然艰巨。

数据显示，2016 年，全国小学新生中接受过学前教育的比例约为 98.36%，比 2006 年增加了约 13.63%，其中城镇小学新生中接受过学前教育的比例约为 99.07%，比 2006 年增加了约 6.11%，农村小学新生中接受过学前教育的比例约为 96.67%，比 2006 年增加了约 16.87%。而湖南省小学新生中接受过学前教育的比例在 2016 年均达到了 100%，其中包括城镇地区和农村地区。①

2016 年，在全省教育工作会议上，时任湖南省教育厅厅长王柯敏回顾和总结了"十二五"期间湖南省学前教育发展所取得的成绩。一是学前教育普及程度全面提高，2015 年，湖南省学前三年毛入园率达到 73.2%，相较于 2010 年增长了约 20.5 个百分点。二是学前教育规模快速发展，截至 2015 年，湖南省共有各类学前教育机构 13 944 所，在园幼儿 216.6 万人，相较于 2010 年的学前教机构数量增长了约 78%，在园幼儿人数增长了约 52%，其中公办幼儿园和普惠性民办幼儿园的占比达到了 59%。三是幼儿园办学条件明显改善，累计建成农村公办幼儿园 1 577 所。②

2018 年，时任湖南省教育厅厅长肖国安在全省教育工作会议上总结道，截至 2017 年底，湖南省各级各类教育发展水平均已超过了全国平均水平，其中学前三年毛入园率大幅增长，达到了 81%，相较于 2015 年的 73.2%，增加了约 7.8 个百分点，且从五年前的低于全国平均水平一跃提升到了超过全国平均水平，五年间，累计建设了农村公办幼儿园 1 456 所，公办及普惠性学前教育资源占比提升到 65%。③

---

① 陈纯槿，范洁琼. 我国学前教育综合发展水平的省际比较与分析[J]. 学前教育研究，2018（12）：14-23.

② 王柯敏. 凝聚力量 开拓进取 不断谱写教育改革发展新篇章：在 2016 年全省教育工作会议上的讲话[J]. 湖南教育（A 版），2016（3）：6.

③ 肖国安. 开启教育新征程：在 2018 年全省教育工作会议上的讲话[J]. 湖南教育（A 版），2018（3）：5-6.

第二节　湖南省农村学前教育
政策与办园体制

　　农村学前教育一直是湖南省学前教育发展的短板，2010年以前，农村学前教育的发展未能得到重视，地方政府在基础教育领域的发展重点长期以来集中在义务教育阶段，学前教育的发展得不到足够的政策、资源、经费的支持。仅有的少量分配给学前教育领域的教育经费也主要投入到了城市地区的公办幼儿园，农村地区的学前教育在很长一段时间内都是自力更生、艰难发展。再加上改革开放后，城镇化进程的持续推进，大量农村人口入城务工，离开农村，导致农村适龄幼儿大幅减少，农村学前教育的发展一直举步维艰。

　　湖南省部分偏远农村地区的学前教育普及率很低，究其原因，一是农村幼儿家长普遍不重视学前教育，走访发现，许多农村幼儿家长自身学历不高，仅接受了九年义务教育，他们很多都认为送孩子去上幼儿园没有必要，在上小学前能数数，会背几首唐诗就可以了，只要上个学前班，或者干脆直接上小学都行。

　　二是农村幼儿园收费普遍很低，在城市幼儿园收费日益走高的同时，县镇和农村幼儿园收费普遍只有每人每学期300—500元，农村幼儿园最低月收费甚至低至40元，低廉的收费使得农村幼儿园的设施设备十分简陋，没有足够的经费进行购置或更新，农村幼儿园普遍缺乏幼儿活动场地、礼堂、床位、玩教具、教师办公室等基础设施设备。[①]

　　自2010年《纲要》和《国务院关于当前发展学前教育的若干意见》两个重磅文件发布之后，湖南省也积极响应，出台了一系列促进学前教育发展的政策与文件。

一、积极出台政策文件，引领湖南省农村学前教育发展

　　2010年7月，湖南省政府发布了《湖南省建设教育强省规划纲要（2010—

---

① 黄建春，陈幸军.湖南省学前教育发展的现状与建议[J].学前教育研究，2011(2)：46-49.

2020年)》，这一文件明确了学前教育的发展地位，提出"要把发展学前教育纳入城镇和新农村建设规划"，同时还明确指出要重点发展农村学前教育，在农村地区"合理布局，办好一批政府投入为主、成本合理分担、对家庭经济困难幼儿入园给予补助的公办幼儿园"。针对农村地区的实际情况，提出可以利用现有资源，多渠道、多形式发展农村学前教育，"鼓励与支持农村地区采取新建、扩建，利用闲置教育资源改建幼儿园，偏远地区小学附设学前班等多种形式发展学前教育，争取每个乡镇建好一所公办幼儿园"。

为进一步落实《纲要》和《国务院关于当前发展学前教育的若干意见》以及《湖南省建设教育强省规划纲要（2010—2020年）》的文件精神，2011年6月，湖南省政府召开全省学前教育工作会议，发布了《湖南省人民政府关于加快学前教育发展的意见》，对湖南省学前教育的发展做出专门部署，并响应国家政策，启动实施湖南省第一期学前教育三年行动计划。

《湖南省人民政府关于加快学前教育发展的意见》为湖南省农村学前教育发展明确了思路和方向，提出"农村以乡镇为区域建设合格标准的中心幼儿园，以村为区域建设简易标准幼儿园，居住分散的村或村民小组，应按有关标准设立幼儿教育点、流动幼儿园、季节班等，或建设合格标准的联村幼儿园"。关于发展农村学前教育的财政资金如何分担的问题，这一文件也提出了通过多渠道筹集经费，加大农村学前教育投入的解决思路，"省本级设立学前教育发展专项经费，实施农村公办幼儿园建设工程，支持农村尤其是贫困地区和少数民族地区发展学前教育。市州、县市区也应设立农村学前教育发展专项经费。积极争取国家支持，实施农村学前教育推进工程试点"。这一文件也成为今后十年湖南省学前教育发展的纲领性文件，文件出台后，省内各市、州、县、区也纷纷出台了学前教育相关的地方性政策文件，有效推动了湖南省学前教育，特别是农村学前教育迈入了飞速发展的新时期。

文件发布之后，湖南省各地纷纷响应省委省政府的号召，出台相应政策和文件，研究制订当地学前教育发展规划，有效推动了省内各地区学前教育的改革与发展。例如，在2010年7月，宁乡县县委、县政府出台了《关于加快学前教育发展的实施意见》，决定按照"公办主体，民办同步"的原则，推进宁乡县的幼儿园建设。国家的重视叠加地方的推进，使得宁乡的学前教育开始步入发展的快车道。

2011 年，湖南省常德市政府出台了《常德市关于加快学前教育改革和发展的意见》，常德市教育行政部门反复学习和研读国家层面、湖南省层面和常德市层面的相关文件，对常德市学前教育的发展，特别是常德市农村学前教育的发展形成了深刻的思考和认识。"广覆盖、保基本"的重点和难点都在农村，要坚决啃下这根硬骨头。《国务院关于当前发展学前教育的若干意见》中提出要"努力构建覆盖城乡、布局合理的学前教育公共服务体系，保障适龄儿童接受基本的、有质量的学前教育"，结合常德市的实际情况，农村地区要建立起县、乡、村三级学前教育网络，其难点在村一级。要实现村一级幼儿园的广覆盖，必须落实"大村独立办园，小村联合办园"的理念，人口数量约 1 500 人的村独立设置一所村级幼儿园是可行且必要的，这样才能真正实现就近入园。根据"保基本"的政策要求，远期要实现 80% 左右的幼儿入读普惠性幼儿园，考虑到农村地区的经济状况和家长收入情况，农村普惠性幼儿园比例应大于城镇地区。同时，"保基本"还意味着农村幼儿园必须要达到基本合格的办园条件和师资标准。因此，要实现农村地区学前教育"广覆盖、保基本"，对于目前发展较慢、基础较差的农村地区来说确实是不小的挑战。①

2011 年 10 月，安仁县发布了《安仁县学前教育三年行动计划》，计划提出各中心小学要从本乡镇实情出发，分析人口出生趋势，结合新农村建设，根据"满足入园、规范班额、兼顾早教、确保优质"的要求，科学合理确定幼儿园数量和规模，修订、完善幼儿园布局规划，并迅速启动幼儿园建设工程，确保三年内所有乡镇中心幼儿园建设达到省合格幼儿园标准。

湖南省湘西自治州保靖县是国家扶贫重点县，2010 年以前，保靖县的学前教育发展十分落后，幼儿园学位严重不足。保靖县城区 4 所公办幼儿园只有 2 000 多个学位，只能满足城区一半左右的适龄幼儿入园，与 4 000 个学位的需求相差甚远。保靖县 16 个乡镇中心幼儿园也难以满足农村幼儿的入园需求，许多村里的孩子无园可上，仅有的部分农村幼儿园办园条件也极其简陋。为了改善农村幼儿园的办园条件，保靖县多方筹措资金，通过积极争取上级投资、本级积资、外力援资等"多条腿"走路的办法，积极改善农村地区

---

① 庹朝君. 关于当前发展学前教育的几个问题的思考[J]. 湖南教育（上），2011(5)：31.

落后的办园条件。

2010 年，保靖县争取了 640 万元中央预算内资金，在湖南省内率先实施了国家中西部农村学前教育推进工程试点项目，新建了毛沟镇中心幼儿园和碗米坡镇中心幼儿园两个乡镇中心幼儿园，改扩建了复兴村幼儿园、夯沙村幼儿园、阳朝村幼儿园、那卜村幼儿园 4 个乡村幼儿园。2011 年，在国家政策的大力推动和扶持下，保靖县迎来了农村学前教育发展的新机遇。依托农村闲置校舍改建幼儿园、农村小学增设幼儿园等相关项目，2011—2016 年短短五年间，保靖县共争取到资金 2 511 万元，完成了 16 607 平方米的幼儿园改造任务，使得全县 68 所村小附属幼儿园焕然一新。2015 年，保靖县还争取到了岳阳市对口扶持资金 486 万元，再加上县级自筹资金 200 万元，按省级示范园的标准，建成了全新的保靖县岳阳幼儿园。2016 年，还投入资金 578 万元，新征地 5 866 平方米，启动了桐木棋幼儿园建设。除此之外，保靖县还通过保证合理用地、减免税费等方式，积极鼓励和扶持社会力量办园。这一系列举措成效显著，2016 年，保靖县已基本形成"广覆盖、保基本"的学前教育公共服务体系，"十三五"期间，保靖县还采用"征地新建、推倒重建、改扩建"等多样化的方式，加强县域内标准化幼儿园建设，彻底改善保靖县落后的学前教育面貌。2012 年，保靖县推进学前教育的行动使其跨入了"湖南省先进县"的行列。①

湖南省湘西自治州泸溪县作为国家扶贫开发工作重点县，也积极响应上级发展学前教育的号召，实施"学前教育三年行动计划"，深入落实"学前教育推进工程"，积极推进农村地区中小学布局调整后富余的闲置校舍改建幼儿园和农村小学增设附属幼儿园的项目，使幼儿班入园幼儿人数逐年增加。这一系列举措极大地提升了泸溪县农村学前教育普及程度，农村学前教育普及率逐年提升，到 2013 年，泸溪县学前三年毛入园率达到了 83.9%。②

湖南省炎陵县政府也积极响应上级政策，自 2010 年后，陆续出台了《炎陵县学前教育发展规划》《炎陵县学前教育机构管理办法》《炎陵县人民政府关

---

① 田亚君. 第一推动力的解读：保靖县发展学前教育纪实[J]. 湖南教育（A 版），2016(6)：20.
② 江新军，刘秋泉，罗赵华，等. 办人民满意教育的成功实践：泸溪县全面建设教育强县纪实[J]. 湖南教育（上），2013(7)：8.

于加快发展学前教育的几点意见》等文件，在《炎陵县人民政府关于加快发展学前教育的几点意见》中，以文件形式明确了炎陵县人民政府是发展炎陵县学前教育的责任主体。此外，这些文件还规定了公办幼儿园、民办幼儿园、政府购买服务、政府资助等不同层次幼儿园的师资配置标准、收费标准、办学条件等。

2012年3月，湖南省教育厅、湖南省财政厅联合召开全省学前教育项目工作视频会议，会议透露2012年湖南省省本级已安排学前教育专项资金1亿元，将努力扩大湖南省普惠性学前教育资源，建立覆盖城乡、布局合理的学前教育公共服务体系。会议还指出，湖南省已经研究制订了学前教育资助方案，将资助家庭经济困难的幼儿、孤儿、残疾儿童。在专项资金的分配上，也将重点向边远贫困地区农村幼儿园和非示范性幼儿园进行倾斜。同时还研究制订了湖南省幼儿教师培训整体规划，在全国范围内率先推出公费定向培养农村学前教育师资，并在此基础上，开展"幼儿教师国家级和省级培训计划"、民族地区农村幼儿园园长培训计划、巡回支教志愿者队伍建设等多个项目，重点加强湖南省农村学前教育师资队伍建设。①

2015年6月，湖南省人民政府办公厅印发了《湖南省实施第二期学前教育三年行动计划(2015—2017年)》，肯定了第一期学前教育三年行动计划取得的成绩，同时提出了实施第二期学前教育三年行动计划的总体目标。要求到2017年，全省学前三年毛入园率要达到76%。省内经济发达地区的农村要全面普及学前三年教育，其他农村地区特别是集中连片特困地区学前三年毛入园率要有较大增长。计划还将继续扩大对农村学前教育资源的投入，重点解决好贫困地区、少数民族地区学前教育资源短缺问题，并将其列为第二期学前教育三年行动计划的重点任务之一，要求各级政府把发展农村学前教育放在政府工作的重点位置，优先新建、改建和扩建农村公办幼儿园，并在财政投入、教师配备等方面向农村公办幼儿园倾斜。中小学校布局调整中被撤并的校舍，也应优先用于改建公办幼儿园。

第二期学前教育三年行动计划，还在2011年发布的《湖南省人民政府关

---

① 李旭林. 省教育厅省财政厅联合召开全省学前教育项目工作视频会议 今年省本级将安排学前教育专项资金1亿元[J]. 湖南教育(上)，2012(4)：11.

于加快学前教育发展的意见》的基础上，对农村幼儿园的建设要求和办园条件提出了更高的标准，要求农村地区的标准幼儿园应达到 2008 年发布的《湖南省幼儿园办园标准》的要求，简易幼儿园和幼儿教育点应符合《湖南省简易幼儿园基本办园条件(试行)》的相关规定。该文件还对各地农村地区幼儿园的办园行为做了进一步规范，要求在各地"规划中应当建设但尚未建设幼儿园的农村地区，可以依托除乡镇中心校以外的农村小学或教学点设置幼儿园、幼儿班，但其园舍、人员、财务、管理应相对独立，不得挤占义务教育资源，且幼儿园、幼儿班应符合相关设置标准，并报当地县级教育行政部门审批"。同时文件还明确禁止乡镇中心学校举办幼儿园或幼儿班，并严格管控将幼儿园入园与小学入学挂钩的违规行为，文件中强调，"城区(含县城)中小学校和乡镇中心学校，不得举办幼儿园、幼儿班。不得将幼儿入园、入班与其小学入学挂钩。凡违规举办幼儿园、幼儿班的城区小学和乡镇中心学校，要逐步整改规范"。

文件发布后，湖南省各县市纷纷跟进发布了结合各地实际制订的第二期学前教育三年行动计划。湘阴县于 2015 年 9 月 6 日印发了《湘阴县实施第二期学前教育三年行动计划(2015—2017 年)》，计划提出了"到 2017 年，全县创建省级保教示范幼儿园 3 所，每个乡镇创建市级合格幼儿园 1 所，县级合格幼儿园达 95% 以上；新建公办幼儿园 11 所，其中城区 1 所、乡镇 10 所，改扩建公办幼儿园 34 所；学前三年幼儿入园率达 98%"的发展目标。针对湘阴县农村地区的学前教育发展，计划明确指出："继续扩大农村学前教育资源，加强对留守儿童相对集中的乡镇学前教育资源的配置，重点关注特困及残疾适龄儿童的入园问题。着力解决好西部湖区乡镇和边远乡镇学前教育基础薄弱问题。"还强调要调整农村学前教育资源结构，"农村以 5—7 个村为区域建设 1 所简易幼儿园或标准幼儿园"。

虽然湖南省"入园难"问题已基本得到缓解，但"入园贵"问题仍然突出。2018 年 2 月，湖南省召开全省教育工作会议，会议提出了湖南省学前教育发展的下阶段任务和目标：下阶段要重点推进本省学前教育普惠发展，要继续实施第三期学前教育三年行动计划，加快构建覆盖城乡的学前教育公共服务体系；继续推进公办幼儿园建设，同时积极发展普惠性民办园，提高湖南省学前教育领域的普及普惠水平；全面落实"以县为主"的学前教育管理体制，积极推动县级政府加大对学前教育的经费投入和政策支持;各地要继续规范各级各类幼儿园的办园行为,坚决纠正"小学化"办学倾向,努力提高幼儿园的保教水平,确保学前教育领域高质量发展。①

2018年9月,《湖南省实施第三期学前教育三年行动计划(2018—2020年)》发布,要求到2020年,湖南省学前三年毛入园率要达到85%,普惠性幼儿园覆盖率达到80%。同时,在各地乡镇中心幼儿园已基本建成的大背景下,结合古丈县依托中国发展研究基金会、北京中金公益基金会成功实施"山村幼儿园计划"的古丈经验,提出在全省范围内推动实施"山村幼儿园计划",鼓励社会力量参与支持全省农村学前教育事业发展。效仿古丈县的成功经验,推动深度贫困县与公益组织合作开展山村幼儿园建设,人口集中的大村可独立办园,生源较少的村可几个村联合办园。

"山村幼儿园计划"是中国发展研究基金会与民族贫困地区政府部门合作,创造的山区学前教育发展新模式,通过在当地配备必要的教学设施,招募合格的幼教志愿者,提高贫困地区的整体学前教育发展水平。湖南省境内山区面积较大的县市如花垣县、泸溪县、通道县、桑植县等都相继启动实施了各地的"山村幼儿园计划"。2017年,在中国发展研究基金会的支持下,怀化市通道县启动实施"山村幼儿园计划",2018年,全县在园幼儿从8 273人增加至9 206人,学前三年毛入园率较2017年上升近7个百分点,达到82.6%。截至2018年,通道县共有各类幼儿园114所,幼儿教师547人。其中城区幼儿园8所,幼儿园教师228人;农村幼儿园106所,幼儿教师319人。2018年,中国发展研究基金会又在张家界市桑植县启动"山村幼儿园项目",计划未来3年在桑植县建设50所山村幼儿园,解决2 421名贫困山村留守适龄幼儿入园难问题。由中国发展研究基金会每年给每所山村幼儿园提供3万元资金支持,持续扶持3年,总计投入450万元,用于山村幼儿园改造和幼教志愿者生活补贴。2019年,桑植县学前三年毛入园率已由2018年的约75%提高到约81%,成效显著。

① 肖国安. 开启教育新征程:在2018年全省教育工作会议上的讲话[J]. 湖南教育,2018(3):10.

二、办园体制由民办园为主体向政府主导、公办民办并举转变

2011 年，湖南师范大学杨莉君教授对中部地区四省（湖南、江西、河南、湖北）的农村学前教育事业发展状况进行了调查，调查发现，湖南省农村地区的幼儿园以民办园和小学附属幼儿园或学前班为主，已经基本形成了以县级公办园和乡镇中心幼儿园为骨干，以民办园为主体的办园格局，但许多地区还没有建成乡镇中心幼儿园。研究数据显示，在被调查的 12 个县中，67.4% 的乡镇没有独立的乡镇中心幼儿园，现有的农村幼儿园中绝大多数都是在农村自建房中开办的民办园，占比达到 70.6%，以及农村地区小学撤并之后利用原有小学空置校舍开办的小学附属幼儿园或学前班，占比约为 13.5%。[①]

2011 年发布的《湖南省人民政府关于加快学前教育发展的意见》中明确提出，要响应国家政策号召，在湖南省构建覆盖城乡、布局合理的学前教育公共服务体系。同时强调，政府要切实发挥主导作用，坚持公益性、普惠性的发展原则，要改变以往的以民办幼儿园为主体的学前教育发展格局，大力发展公办幼儿园，实现政府主导、社会参与、公办民办并举的新的办园体制。这一文件对农村地区大力发展公办幼儿园也提出了明确要求，"农村乡镇、村要形成公办幼儿园的网络体系"，鼓励村集体举办公益性质的集体所有制幼儿园，提出村级公办园原则上利用富余教育资源或其他公共资源举办。在上级政策的引领与推动下，湖南省各县市转变思路、认真研究，积极筹措财政资金，探索通过多样化的渠道在农村地区大力建设公办幼儿园，构建农村公办幼儿园网络体系。

宁乡县统计数据显示，2009 年，宁乡县的学前三年毛入园率还只有约32.8%，"入园难"问题十分严峻，为解决学前教育学位严重不足的主要问题，宁乡县采取了"多元筹资"的解决方式。一方面宁乡县财政实施"以奖代补"，对新建的公办中心幼儿园，每所奖励 30 万元，2011—2013 年三年间，全部奖励资金达 1 000 万元。另一方面，想办法调动各乡镇、村集体投入的

---

① 杨莉君，曹莉. 中部地区农村学前教育事业发展存在的问题及解决对策［J］. 学前教育研究，2011(6)：22.

积极性，建设乡镇中心幼儿园和村级幼儿园，积极引导民间资本、社会力量举办幼儿园。在宁乡县学前教育行动计划的推进下，2011 年，宁乡县投入6 500 余万元，新建了 16 所公办幼儿园，利用农村中小学闲置校舍改建幼儿园 14 所，利用农村小学增设附属幼儿园 5 所。2012 年，投入了 7 800 余万元，新建了 20 所公办幼儿园，利用农村中小学闲置校舍改建幼儿园 16 所，农村小学增设附属幼儿园 24 所。到 2013 年，宁乡县学前一年毛入园率达到了 100%，学前三年毛入园率达到了 88.2%，仅仅三年时间，宁乡县学前教育发展面貌就焕然一新。

宁乡县在追求幼儿园数量不断增加的同时，并没有放松对幼儿园办园质量的要求，2012 年，宁乡县就取缔了 75 所无证幼儿园，对 35 所幼儿园提出整改要求。并且在高标准、高质量的乡镇中心幼儿园的示范引领下，原有的一些规模较大的民办园不得不加大投入，改善幼儿园的办园条件，用来吸引生源，而原有的规模小、设施设备简陋、办园质量差的农村民办幼儿园则不得不逐渐退出市场。[①]

炎陵县深入分析了其学前教育发展面临的主要问题，包括学前教育资源总量不足、资源分配不均、城乡区域发展不平衡等。炎陵县要实现学前教育的公益性、普惠性，必须要坚持因地制宜、分类对待，从实际出发，建设数量充足、条件达标、收费合理、面向大众的普惠性幼儿园，为炎陵县群众提供方便就近、灵活多样、多种层次的学前教育服务。根据已发布的《炎陵县学前教育发展规划》，炎陵县计划从 2011 年开始大力建设公办幼儿园，两年时间内要使全县各乡镇均有至少 1 所普惠性质的公立乡镇中心幼儿园。2011 年，炎陵县已投资 900 余万元，建成了霞阳镇中心幼儿园、十都镇中心幼儿园、沔渡镇中心幼儿园、水口镇中心幼儿园、下村乡中心幼儿园、船形乡中心幼儿园、东风乡中心幼儿园等 7 所乡镇中心幼儿园。2012 年还计划投资 1 000 万元，建设其余 8 所乡镇中心幼儿园，确保每个乡镇都有 1 所乡镇中心幼儿园。[②]

2011 年，常德市出台了《常德市人民政府关于加快学前教育改革和发展的意见》，文件明确指出，在民办幼儿园为主体的现阶段，落实"公办民办并

① 何宗焕，王振亚，喻超，等. 极目楚沩阔：宁乡县基础教育综合改革纪实[J]. 湖南教育（上），2013(8)：4-9.

② 陈黎明. 学前教育在炎陵的普惠实践[J]. 湖南教育（上），2012(2)：34-35.

举"就是要大力发展公办幼儿园，提升公办幼儿园的占比。各级政府和教育部门要改变以往的学前教育领域就是要大力发展民办幼儿园的老观念。现阶段，政府要落实好主导责任，认真制订学前教育发展规划，加大对学前教育的投入力度和监管责任，将学前教育当作重要的公益事业来办。未来新增加的幼儿园要以公办幼儿园为主，例如政府投资新建的乡镇中心幼儿园，新建住宅小区配套建设的幼儿园，都应该办成公办幼儿园。

乡镇地区建设公办幼儿园要依托中心学校或义务教育阶段布局调整后闲置的教育资源，在每个乡镇办一所"资产国有、教育部门主办、派驻部分公办幼儿教师"的公办性质的乡镇中心幼儿园。就常德市现有情况看，70%的乡镇只需要在现有公办幼儿园的基础上，通过改善办园条件，扩充幼儿教师队伍等方式就能建设一所符合标准的乡镇中心幼儿园；其余30%的乡镇要结合"农村学前教育项目"的实施，抓紧新建和改建公办中心幼儿园，从而实现常德市每个乡镇有一所公办性质的中心幼儿园的基本要求。常德市公办幼儿园的比例现阶段以达到20%为宜，农村地区要比城镇地区稍高，今后再逐步提高。

时任常德市教育局副局长庹朝君还强调，可以利用改革的机会，探索建立一种全新的公办园办园体制和运行机制，如国有领办、国有民办、按生均拨款、编制到园不到人等等。这种新的体制、机制的核心不是政府甩包袱，减少投入，而是要变"养人"为"养事"，要着力破除管人用人上的体制机制障碍，从而真正促进学前教育的优质发展。[1]

2011年，湘西自治州提出要建立和落实"以县为主、县乡共管"的学前教育管理体制，并加快形成"政府主导、社会参与、公办和民办并举"的办园体制。提出要大力发展公办幼儿园，2011年要启动乡镇公办幼儿园建设，每个乡镇要建好一所乡镇中心幼儿园，人口较为集中的行政村要建立村级幼儿园。此外还要建立学前教育资助制度，以确保农村留守儿童也能顺利入园接受学前教育。[2]

2012年7月发布的《湖南省建设教育强省"十二五"规划》明确指出："切实推进农村幼儿园建设。实施乡镇公办幼儿园达标建设工程，确保全省每个

---

① 庹朝君. 关于当前发展学前教育的几个问题的思考[J]. 湖南教育（上），2011（5）：31-33.
② 李旭林，何文. 构建具有湘西特色的教育民生体系：湘西土家族苗族自治州州委书记何泽中访谈[J]. 湖南教育（上），2011（4）：20.

乡镇至少建设 1 所公办中心幼儿园。"农村建设公办幼儿园可以充分利用现有资源，以缓解地方财政经费紧张的困境，提出可以"利用学校布局调整后闲置校舍新建、改扩建村级幼儿园。按'接送方便、安全实用'的原则建设村级简易幼儿园。在人口居住分散的山区、湖区等举办幼儿教育点和学前班"。

湖南省内各地也在积极响应湖南省委、省政府的号召，明确了当地学前教育发展的目标。例如，湖南省沅陵县教育局在 2013 年提出要创建均衡教育，实现"县域平衡、城乡协调、配置科学、机会均等"，到 2020 年，要实现沅陵县教育发展的各项指标达到《湖南省建设教育强省规划纲要（2010—2020 年）》的要求，基本普及学前三年教育，2015 年学前三年毛入园率达到 65%，2020 年学前三年毛入园率达到 80%。沅陵县教育局还提出要进一步落实学前教育推进工程，建立以县为主、县乡共管的学前教育管理体制，大力发展公办幼儿园，在每个乡镇建立一所公办中心幼儿园，发挥公办中心幼儿园的示范带动和辐射作用，加大对农村现有的大量简易民办幼儿园的管理，鼓励和扶持规模较大的公办园和民办幼儿园推进标准化幼儿园建设，加快形成政府主导、社会参与、公办民办并举的办园格局。①

湖南省永州市地处湘粤桂三省交界处，山区占比达到了 70%，长期以来，交通不便，经济社会发展指标在全省靠后，2013 年，永州市的人均 GDP 在湖南 14 个市、州中排第 12 位。尽管永州市经济基础薄弱，政府财力紧张，仍然想尽办法挤出经费投资教育领域。2013 年 3 月，当时在常德市有"重教市长"之称的陈文浩，调任永州市委书记，更是把发展教育作为永州市的优先战略，永州市委相继出台了《永州市教育优先发展实施意见》等政策文件。2013 年，湖南省永州市就投入财政资金 7 亿元，建成了农村公办幼儿园 21 所，改建幼儿园 300 多所。②

2016 年 2 月，时任湖南省教育厅厅长王柯敏在全省教育工作会议上强调，要大力发展普惠性学前教育，扎实推进第二期学前教育三年行动计划，组织实施国家学前教育重大项目，重点解决学前教育普惠性资源相对短缺的问题。2016 年，要继续新建 200 所以上的农村公办幼儿园，研究制定普惠性

---

① 向本孝. 全力办好人民满意的沅陵教育[J]. 湖南教育（上），2013(4)：22-24.

② 阳锡叶，李伦娥，艾志飞，等. "一把手"工程带来的效应：永州市党政重教走笔[J]. 湖南教育（上），2014(11)：4-8.

民办幼儿园建设考核机制，加快构建以公办和普惠性民办幼儿园为主体的学前教育体系。同时，要出台保教工作规范园标准，开展省级学前教育改革实验区试点，推进《3—6岁儿童学习与发展指南》实验工作，探索构建幼儿园保教质量评估监管体系，提升幼儿园保教质量。①

2016—2018年，常德津市投入1 526万元新建了4所高标准的农村乡镇公办中心幼儿园，自此，津市实现了每个乡镇拥有1所公办中心园的发展目标。农村幼儿园的数量增加之后，津市教育局又将发展的重点放在了提升农村学前教育质量上。通过实地调查走访发现，津市的乡镇幼儿园普遍存在教育经费不足、玩教具配备欠缺等问题，津市教育行政部门探索通过结对帮扶这一方式，来提高农村幼儿园的办园条件和保教质量。②

2020年，道县完成了仙子脚镇中心幼儿园、白芒铺镇中心幼儿园、清塘镇久佳中心幼儿园等6所农村公办幼儿园建设，新增学位735个；采用腾、挪、调等办法将全县村片小教学点能利用的教室，全部用于公办幼儿园，解决农村幼儿就近入学问题，新增幼儿园（班）52个，增加公办幼儿园学位2 412个。2018—2020年三年间，道县共投入3.8亿元新增普惠性幼儿园学位16 357个，完成25所乡镇公办幼儿园建设，设立教学点附属园（班）159个，集体幼儿园20所，公办园在园幼儿占比达到52.03%，学前三年教育毛入园率达到87.29%，公办园和民办普惠园幼儿占比达到93.16%。

2010年至2022年湖南省农村地区幼儿园办园主体变化的数据也反映了办园体制的变化情况。2010年，湖南省农村地区共有幼儿园3 179所，其中公办园347所，占比约为10.92%，民办园2 832所，占比约为89.08%。到2022年，湖南省农村地区共有幼儿园3 912所，其中公办园2 014所，占比约为51.48%，民办园1 898所，占比约为48.52%，普惠性幼儿园3 281所，占比达到83.87%。湖南省农村地区公办园的占比从2010年的10.92%增长到2022年的51.48%，增长了4倍有余，且包括公办园在内的普惠性幼儿园的占比更是达到了83.87%，这表明湖南省农村地区的办园体制已从民办园为主体转变为了公办民办并举，公办园的占比超过了50%，且已基本建成普及

---

① 王柯敏. 凝聚力量　开拓进取　不断谱写教育改革发展新篇章：在2016年全省教育工作会议上的讲话[J]. 湖南教育（上），2016（3）：10.

② 赵经天. 立足自然，愉快成长：津市市学前教育发展侧记[J]. 湖南教育（A版），2020（12）：21.

普惠的学前教育公共服务体系。2010—2022 年湖南省农村地区幼儿园办园主体变化的具体数据见表 3-5，幼儿园办园主体变化的趋势见图 3-7。

表 3-5　2010—2022 年湖南省农村幼儿园办园主体变化数据

年份 项目	农村地区幼儿园数（所）						
	农村合计	公办园	公办园 占比	民办园	民办园 占比	普惠性 幼儿园	普惠园 占比
2010	3 179	347	10.92%	2 832	89.08%	—	—
2011	3 390	377	11.12%	3 013	88.88%	—	—
2012	4 029	526	13.06%	3 503	86.94%	—	—
2013	4 498	669	14.87%	3 829	85.13%	—	—
2014	4 682	731	15.61%	3 951	84.39%	—	—
2015	5 038	991	19.67%	4 047	80.33%	—	—
2016	4 753	931	19.59%	3 822	80.41%	2 796	58.83%
2017	4 328	910	21.03%	3 418	78.97%	2 821	65.18%
2018	4 290	955	22.26%	3 335	77.74%	2 968	69.18%
2019	4 358	1 135	26.04%	3 223	73.96%	3 178	72.92%
2020	4 375	2 015	46.06%	2 360	53.94%	3 637	83.13%
2021	4 257	2 099	49.31%	2 158	50.69%	3 465	81.40%
2022	3 912	2 014	51.48%	1 898	48.52%	3 281	83.87%

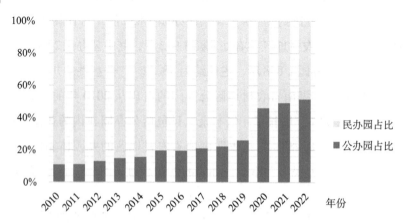

图 3-7　2010—2022 年湖南省农村地区幼儿园办园主体变化趋势图

第三节　湖南省农村学前教育师资队伍的发展

学前教育师资队伍长期以来都是基础教育阶段师资队伍中最弱的部分，而农村幼儿教师队伍又是其中最薄弱的那一块。2010 年发布的《纲要》和《国务院关于当前发展学前教育的若干意见》两个文件都明确强调要加强学前教育师资队伍建设，并提出了一系列加强幼儿教师队伍建设的建议和举措。湖南省也积极响应国家政策，出台了一系列促进学前教育发展的重要政策文件，并为湖南省农村学前教育师资队伍建设做出了重要部署。经过全省上下齐心协力，湖南省农村学前教育师资队伍建设工作取得了亮眼的成绩。

一、湖南省农村学前教育师资队伍数量不断壮大

2010 年以来，在湖南省各级政府和教育部门的共同努力下，湖南省农村幼儿教师队伍师资紧张的状况逐步缓解，农村幼儿教师数量大幅增加。

（一）通过农村幼儿园教师定向培养专项计划，缓解农村幼儿教师短缺且专业化程度低的困境

2010 年 12 月，教育部基础教育二司司长郑富芝在接受记者采访时表示，为采取切实措施，大力发展学前教育，将加大面向农村的幼儿教师的培养力度，扩大免费师范生学前教育专业招生规模。这一举措对缓解农村幼儿教师短缺的情况，提升农村幼儿教师队伍专业素质，具有十分重要的意义。在教育部提出要扩大免费师范生学前教育专业招生规模之后，湖南省也积极响应。

2011 年 6 月，湖南省政府发布了《湖南省人民政府关于加快学前教育发展的意见》，意见指出要"实施农村幼儿园教师定向培养专项计划，扩大学前教育专业公费师范生招生规模，中小学富余教师经培训合格后可转入学前教育，多种途径解决幼儿教师短缺问题"。2012 年 7 月发布的《湖南省建设教育强省"十二五"规划》中进一步指出："整合优化师范教育资源。构建省市统筹，分级管理，以本专科师范教育为主体，以保障农村教师需求为重点的教

师培养体系。""幼儿教师培养以长沙师范学校为主,创造条件适当增设幼儿师范专科学校。"规划还明确提出,"实施农村幼儿园教师定向培训专项计划,每年招生规模达到 2 000 人。积极探索初中毕业起点五年制学前教育专科学历教师培养模式"。这一系列举措都是为了培养出一大批能够回到农村地区任教的学前教育教师,充实湖南省农村学前教育师资,有效提升农村学前教育师资质量。湖南省农村学前教育师资队伍建设的方向明确之后,省内各县市也纷纷响应,想方设法加强各地的农村幼儿教师队伍建设。

2011 年,湘西自治州在总结其学前教育发展面临的困难时指出,学前教育师资队伍建设滞后是制约农村学前教育发展的主要问题之一,首要表现在农村幼儿教师数量严重不足,幼儿园师幼比不合理。例如,湘西自治州花垣县共有 251 个幼儿班,专任幼儿教师仅有 240 人,保育员 82 人,这一数字相较于全日制幼儿园每班需配备两教一保的基本标准差距极大。湘西自治州政府提出,学前教育的发展离不开一支优秀的学前教育师资队伍,因此,各级政府和教育行政部门要想方设法加强学前教育师资队伍建设,实施初中起点、高中起点的定向学前教育师范生培养计划,为湘西自治州输送专业的学前教育师资。①

湘西自治州保靖县政府充分认识到师资队伍质量是制约保靖县学前教育质量提升的关键,探索通过"补师资、抓素质、提待遇"等举措解决保靖县学前教育师资队伍建设的难题。2011 年以来,保靖县依托长沙师范学院、吉首大学师范学院等省内高校的学前教育专业公费定向生项目,培养了 27 名专业幼儿教师,毕业后返乡任教。同时通过面向社会公开招录农村幼儿教师和转岗义务教育学校教师等形式,补充了 72 名幼儿教师,有效缓解了保靖县幼儿园师资短缺的问题。②

2015 年发布的《湖南省实施第二期学前教育三年行动计划(2015—2017年)》中明确提出,要继续实施农村幼儿教师专科层次定向培养专项计划,启动本科层次农村幼儿教师公费定向培养专项计划,进一步扩大学前教育专业公费师范生招生规模。各地政府和教育行政部门要结合本地实际,确保在核

---

① 秦平. 自治州学前教育发展存在的问题及对策思考[J]. 湖南教育(上), 2011(12): 35-36.

② 田亚君. 第一推动力的解读: 保靖县发展学前教育纪实[J]. 湖南教育(A 版), 2016(6): 20-21.

定的编制限额内、按规定的程序和权限补充到农村公办幼儿园任教的公费师范生有编有岗。

湖南省实施的高校学前教育专业公费定向生培养计划，对于扩充湖南省农村学前教育师资队伍，提升湖南省农村幼儿教师队伍的专业化水平成效显著。据统计，2015—2019 年间，湖南省各高校共招收培养了学前教育专业公费定向生 4 550 人。[①] 2022 年发布的《湖南省学前教育发展提升行动计划（2022—2025 年）》，进一步强调要精准对接各地教师需求，定向培养专科及以上层次学前教育教师，全力满足农村和欠发达地区对幼儿园教师的需求。

除了加强湖南省学前教育专业公费定向生项目的实施力度，面向社会招聘专业学前教育师资也是充实农村幼儿教师队伍的重要举措。湖南省宁乡县在加强学前教育师资队伍建设方面下了大力气：2011—2013 年间，宁乡县在三年内招聘了 175 名公办在编幼儿教师，充实到各个乡镇中心幼儿园，补充宁乡县农村幼儿教师队伍，另外还面向社会招聘了 600 余名专业幼儿教师充实宁乡县的幼儿教师队伍。截至 2013 年，宁乡县学前教育公办在编教师人数达到 329 人，占在岗幼儿教师的 18.8%。同时，宁乡县在县域范围内严格执行持证上岗制度，宁乡县幼儿园园长和幼儿教师持证上岗率达到 100%，杜绝了无证上岗的现象。[②]

2015 年发布的《湖南省乡村教师支持计划（2015—2020 年）实施办法》明确提到，高校毕业生取得教师资格并到湖南省农村中小学和公办幼儿园任教的，按照中央和湖南省有关规定享受学费补偿和国家助学贷款代偿政策。2015 年，《湘阴县实施第二期学前教育三年行动计划（2015—2017 年）》提道：要通过公开竞聘，择优聘用和优化组合等方式，建立结构合理的幼儿教师队伍。逐步加大公办幼儿园教师配备比例，每年从幼儿师范学校招聘一定名额的优秀毕业生来湘阴县任教。除面向社会招聘外，为解决农村地区专业幼教师资缺乏的问题，各地还可以聘任优秀的幼儿园退休教师，到师资欠缺的农村地区任教或开展巡回支教。

---

① 吴秀娟，张晓雅，彭猛兴. 敢问路在何方：聚焦破解学前教育师资难题[J]. 湖南教育（A版），2020（6）：7.

② 何宗焕，王振亚，喻超，等. 极目楚沩阔：宁乡县基础教育综合改革纪实[J]. 湖南教育（A版），2013（8）：9.

（二）通过逐步提升农村幼儿教师的待遇保障，促进了农村学前教育师资队伍的稳定发展

2010 年以前，幼儿园教师曾长期处在政府对基础教育师资的管理之外，湖南省部分地区的地方政府在对基础教育师资进行管理的时候，没有把学前教育领域的师资纳入进去，幼儿园教师编制配备、工资福利、职称评聘等方面的问题长期以来难以得到妥善解决。不仅幼儿园教师的待遇和职业吸引力长期低下，同时幼儿园无证上岗教师的比例非常高，长期得不到有效控制。

2011 年，湖南师范大学杨莉君教授对中部地区四省（湖南、江西、河南、湖北）的农村学前教育事业发展状况进行了调查，调查发现各地普遍存在农村幼儿教师专业素质不高，工资待遇差，在职培训机会少等现象。农村幼儿教师工资待遇低，使得农村幼儿教师队伍稳定性也比较差。调查发现，中部地区农村幼儿教师的工资普遍只有三五百一个月，能达到 1 000 元每月的屈指可数。很多农村乡镇中心幼儿园由于工资待遇低，只能将小学分流来的老教师安排到班上承担教学任务，导致幼儿园教学"小学化"现象越来越突出。大量没有编制的教师的工资只能从幼儿园收取的保教费中自行解决，而农村地区幼儿园收费普遍偏低。因此，由于农村幼儿教师工作强度大、工资待遇没保障、社会尊重度低，中部农村幼儿园不仅不能吸引优秀人才来从教，还导致了在职教师的大量流失。调查问卷的数据显示，被调查的农村幼儿教师中，54.2% 的幼儿教师反映遇到其他就业机会时会考虑转行，还有 24.0% 的教师表示不确定是否继续做下去或做多久。①

有学者根据 2006—2016 年的《中国教育统计年鉴》《中国教育经费统计年鉴》的数据，分析研究了包括湖南省在内的多个省份的学前教育综合发展情况。从反映学前教育质量的幼儿园师幼比和幼儿教师学历水平的数据可以发现，我国幼儿园师幼比呈现逐年上升趋势，从 2006 年的 1∶29.15 上升到 2016 年的 1∶19.77，且城镇与农村地区间的幼儿园师幼比的差距有所缩小，城镇幼儿园的师幼比从 2006 年的 1∶20.73 升至 2016 年的 1∶17.71，乡村幼儿园的师幼比从 2006 年的 1∶55.17 升至 2016 年的 1∶30.16，但农村地区的

---

① 杨莉君，曹莉. 中部地区农村学前教育事业发展存在的问题及解决对策[J]. 学前教育研究，2011(6)：24.

师幼比仍然较低，还需要进一步提高。而湖南省幼儿园师幼比在全国范围内处于较低区间，且城镇地区幼儿园师幼比在全国范围内处于排名后几名的省份之一，仍需要努力提高师幼比，从而保障幼儿园教育质量。①

为了稳定农村学前教育师资队伍，同时增加幼儿教师岗位的职业吸引力，湖南省各级政府都在积极出台政策提高幼儿教师工资待遇，支持幼儿教师参与职称评定。

2011 年出台的《湖南省人民政府关于加快学前教育发展的意见》中提道：对长期在农村基层和艰苦边远地区工作的幼儿园教师，按国家规定实行工资倾斜政策。2015 年发布的《湖南省实施第二期学前教育三年行动计划（2015—2017 年）》进一步指出，针对长期在农村基层和艰苦边远地区工作的幼儿园教师，同等条件下在职称（职务）评聘上也应该实行倾斜。2018 年发布的《湖南省实施第三期学前教育行动计划（2018—2020 年）》中明确要求，要构建幼儿园教师队伍支持体系，保障幼儿园教职工合法权益。各地要根据实际情况，通过增加财政拨款、专项补助、政府购买服务等方式，支持解决好公办非在编教师工资待遇，逐步做到同工同酬；幼儿园教职工依法全员纳入社保体系；不断完善符合幼儿园教师职业特点的职称评聘标准，对长期在农村基层和艰苦边远地区工作的幼儿园教师实行倾斜政策。2022 年发布的《湖南省学前教育发展提升行动计划（2022—2025 年）》进一步强调要保障幼儿园教职工工资待遇，要求各地政府落实公办幼儿园教职工工资待遇保障政策，统筹工资收入政策、经费支出渠道，确保教职工工资及时足额发放。

湘西自治州保靖县在提高幼儿园教师待遇方面有许多有力举措。一方面，在公办幼儿园与义务教育学校同步实施教师绩效工资和边远农村教师岗位津贴，另一方面，"让幼儿教师（包含民办幼儿教师）能够同步参加小学教师职务申报"②。这些做法让广大幼儿教师感受到了尊重与平等，激励和鼓舞了他们奋战在幼教一线的斗志。

2018 年，怀化市会同县在该县学前教育教师职称评聘上进行了改革。以

---

① 陈纯槿，范洁琼. 我国学前教育综合发展水平的省际比较与分析[J]. 学前教育研究，2018（12）：14-23.

② 田亚君. 第一推动力的解读：保靖县发展学前教育纪实[J]. 湖南教育（A 版），2016（6）：20-21.

往幼儿教师和小学教师的职称评聘是一起参评的，但是由于学前教育和小学教育之间存在差异性，幼儿教师相较于小学教师处于劣势，往往很难评上。2018 年，会同县将学前教育教师职称评聘单列出来，从而保证当地幼儿教师能获得公平的职称评聘机会。①

为提升编外幼儿教师的工资待遇，进一步缩小在编、非在编幼儿教师的收入差距，长沙市岳麓区尝试举办专门针对编外幼儿教师的星级幼儿教师评选，以工作年限、获奖情况、教研情况等作为评选依据，每三年评选出一批编制外"三星级"教师，并给予奖励。岳麓区幼儿教育集团也出台了相应的星级幼儿教师评选机制，按照一星级教师每月补贴 200～400 元，二星级教师每月补贴 400～600 元，三星级教师每月补贴 600～800 元的标准，发放教师津贴，从而提升非在编幼儿教师的工作积极性，同时也缩小在编、非在编幼儿教师的收入差距。②

《国家中长期教育改革和发展规划纲要（2010—2020 年）》中明确提出，要重点发展农村学前教育，加强农村学前教育师资队伍建设，努力解决长期困扰农村学前教育事业发展的农村幼儿教师编制、待遇等方面的困难和问题。但是，农村地区公办幼儿园编制紧张问题，长期没有得到解决，使得各地公办幼儿园的幼儿教师中在编的比例极小，大多数幼儿教师都没有编制。而农村地区幼儿园，由于地处经济欠发达的农村、条件艰苦，对专业幼教师资本身就缺乏吸引力，且非在编幼儿教师的工资待遇相较在编教师，差距非常大，这就造成了农村幼儿园很难从社会上招聘到合格优秀的幼儿教师，就算好不容易招到了，也很难留住，使得农村幼儿园师资流动性很大，师资队伍极不稳定。

2016 年 1 月，时任湖南省副省长李友志在长沙师范学院主持召开了全省学前教育工作座谈会，湖南省委机构编制委员会办公室、省教育厅、省财政厅、省人力资源和社会保障厅等单位负责人，以及来自基层的幼儿园园长参加了座谈。来自全省各地的 25 位幼儿园园长在座谈会上，结合各自办园实

---

① 阳锡叶，李俊伟，李茂林，等. 教育均衡发展的"怀化方案"：怀化市推进县乡村教育均衡优质发展纪实[J]. 湖南教育（A 版），2019(6)：10.

② 吴秀娟，张晓雅，彭猛兴. 敢问路在何方：聚焦破解学前教育师资难题[J]. 湖南教育（A版），2020(6)：8.

际，谈到了当前学前教育发展所面临的实际困难，会上园长们提道："相比于中小学教师，幼儿教师是'低头族'，绝大多数幼儿教师没有正式编制，身份上的尴尬让他们的职业荣誉感和归属感大打折扣。""落实幼儿教师编制，让幼儿教师享受评职称的同等待遇，打通幼儿教师在岗位上的晋升通道，是增强幼儿教师职业吸引力关键举措。"

针对困扰学前教育已久的幼儿教师编制难题，湖南省教育科学研究院研究员、学前教育领域专家周丛笑指出，"出台专门的幼儿园教职工编制标准是破解学前教育师资瓶颈的'最优选'。在实行编制总量和财政供养人口严格控制的情况下，政府部门应进一步优化编制配备结构，调剂富余编制，最大限度地保障幼儿教师的相关权益"。长沙市岳麓区也做出了探索、尝试，从2014年起，岳麓区连续6年将幼儿教师编制向农村地区公办幼儿园倾斜，希望通过教师编制的吸引力，为农村地区幼儿园输送优质学前教育师资，从而缓解农村地区幼儿园的师资压力。

为进一步解决长期以来限制公办幼儿园发展的幼儿教师编制严重不足的问题，2019年9月，湖南省委机构编制委员会办公室、省教育厅、省财政厅联合下发《关于下达各市州公办幼儿园教职工编制有关事项的通知》，从全省事业编制内统筹调剂了9 683个编制下达到湖南省各市、州，用于公办幼儿园管理人员和骨干幼儿教师的配备。通知中强调，此次下达到各市、州的事业编制是专门用于加强公办幼儿园教师队伍建设的，且要优先满足新设立的公办幼儿园和目前仍未配备编制的公办幼儿园的基本教学需要，主要用于配备管理人员和骨干教师。该文件同时还强调，要认真落实公办幼儿园教师工资待遇保障政策，有条件的地区可试点实施乡村公办幼儿园教师生活补助政策。这一重大举措有效解决了湖南省各地公办幼儿教师编制异常紧缺且长期占用中小学教师编制等突出问题。①

2020年，有学者调查了湖南省内贫困地区幼儿园教师职业认同情况，选取了湖南省西部的怀化市、张家界市和湘西自治州三个市、州的815位幼儿园老师作为调查对象。调查结果显示，幼儿园教师工资待遇和工资满意度对

---

① 吴秀娟，张晓雅，彭猛兴. 敢问路在何方：聚焦破解学前教育师资难题[J]. 湖南教育（A版），2020(6)：7-8.

其职业认同感有显著的影响，工资越高、工资满意度越高，其职业认同感也就越高。年龄也是造成幼儿园教师职业认同感存在差异的显著因素，不同年龄段的幼儿园教师中，职业认同感存在显著差异，职业认同感最高的是41—50岁年龄段的幼儿园教师，而职业认同感最低的则是21—30岁年龄段的年轻教师。学历同样是影响幼儿园教师职业认同感的重要因素之一，学历越高，职业认同感越低，调查发现本科学历的幼儿园教师职业认同感明显低于中专学历的幼儿园教师。从教龄来看，11—15年教龄的幼儿园教师职业认同感>6—10年教龄的幼儿园教师>20年以上教龄的幼儿园教师>1—5年教龄的幼儿园教师>1年以下教龄的刚入职的幼儿园教师。另外，调查还发现，工作环境也会显著影响幼儿教师的职业认同情况，城镇地区幼儿园工作环境优良，其教师的职业认同感会高于乡镇和乡村幼儿园教师，但城镇地区的公办幼儿园，由于上级部门监督和考核方面承受的压力更大，在一定程度上又降低了其教师的职业认同感。[①]

2022年12月，湖南省教育厅等九部门印发了《湖南省学前教育发展提升行动计划（2022—2025年）》，明确要求各地要充分挖潜创新，统筹利用现有事业编制资源，着力加强公办幼儿园编制、人员配备并提高使用效率，结合当地公办幼儿园实际，多渠道配备公办幼儿园教师，严禁"有编不补"、长期使用代课教师。

二、湖南省农村学前教育师资队伍的专业化水平逐步提升

（一）湖南省农村幼儿教师的学历水平逐步提升，基本解决无证上岗问题

2011年，湖南师范大学杨莉君教授对中部地区四省（湖南、江西、河南、湖北）的农村学前教育事业发展状况进行了调查，调查发现各地普遍存在农村幼儿教师专业素质不高、工资待遇差、在职培训机会少等现象。调查数据显示，四省被调查的农村幼儿园教师中，仅有约44%的幼儿教师取得了中专及以上学历；从幼儿教师的专业背景来看，仅有约38%的幼儿教师是幼师学

---

① 段碧花. 贫困地区幼儿园教师职业认同现状与提升建议[J]. 学前教育研究，2021（2）：71-73.

校或学前教育专业毕业生。再加上农村幼儿教师在职培训机会极少，因此农村幼儿教师队伍整体质量较差，专业化程度低。[①]

2011 年，在湖南省湘西自治州，幼儿教师学历层次普遍偏低且幼儿教师无证上岗的情况仍然比较普遍。由于幼儿教师尤其是民办幼儿教师的待遇低下，无法享受与中小学教师同等的职称评定与评优评先政策，加之社会保障政策也未能落实，导致湘西自治州学前教育专业师资流失严重，难以吸引到优秀人才到幼儿园就业。例如，湘西自治州花垣县 240 名专任幼儿教师中，具有本科学历的幼儿教师仅有 8 人，占比约为 3.3%，具有专科学历的幼儿教师共 30 人，占比为 12.5%，具有中专学历的幼儿教师 162 人，占比最高，达到 67.5%，具有高中学历的幼儿教师 35 人，占比约为 14.6%，高中以下学历 5 人，占比约为 2.1%。

为提升湘西自治州学前教育师资队伍的质量，湘西自治州教育行政部门领导提出，要严格执行幼儿园教师资格准入制度，所有在岗幼儿教师，无论是公办园还是民办园，均需取得幼儿园教师资格证，再有就是加强对现有幼儿教师的在职培训，提升其专业素养与能力，从而确保学前教育师资队伍的规范性和专业性，提升幼儿园保教质量。[②]

2012 年，湖南省益阳市资阳区茈湖口镇在总结当地农村学前教育师资队伍建设情况时谈道：现有的农村幼儿教师的学历背景以初中、高中居多，且农村幼儿教师的年龄普遍偏大，40 岁以上的幼儿教师在当地占比达到了 40%以上。同时，从幼儿教师的专业性来看，农村幼儿教师大多只接受过短期的幼儿教育方面的专业培训，虽然有部分教师已经取得了幼儿园教师资格证，但他们的专业知识与技能与专业学前教育背景出身的幼儿教师相比仍然有较大的差距。根据这一现实情况，当地建议上级教育主管部门要重点吸纳中师及中师以上学历的学前教育专业毕业生到农村幼儿园工作，并加强职业中专、幼师函授的毕业生在幼儿园工作期间的职后培训工作，努力提升幼儿教

---

① 杨莉君，曹莉. 中部地区农村学前教育事业发展存在的问题及解决对策[J]. 学前教育研究，2011(6)：24.

② 秦平. 自治州学前教育发展存在的问题及对策思考[J]. 湖南教育（上），2011(12)：35-36.

师队伍的专业素养及能力，从而带动农村学前教育的发展。①

2013 年，有学者对湖南省岳阳市平江县的乡镇学前教育师资状况进行调查研究，调查发现平江县农村幼儿园的师资结构十分不合理，特别是一些经费紧张的民办幼儿园和农村幼儿园面临着严重缺少学前教育专业教师的困境。平江县农村某幼儿园有 200 余名在园幼儿，但是全园包括园长在内居然只有 3 名教师，师资严重短缺，并且 3 名教师当中也仅园长具备幼儿园教师资格证。调查还发现，平江县农村幼儿园普遍缺乏具有学前教育专业背景的幼教师资，有的幼儿园教师甚至是辍学的初中生、高中生，并且这当中有许多教师甚至没有接受过任何形式的学前教育专业培训就直接上岗了，因此农村幼儿教师普遍缺乏科学的学前教育理念与先进的学前教育专业知识。相较于中小学教师，农村幼儿教师培训机会又极少，且当地普遍不重视幼儿园教师的培训，使得农村幼儿教师的专业素养与能力很难得到提升。②

有学者根据 2006—2016 年的《中国教育统计年鉴》《中国教育经费统计年鉴》的数据，分析研究了包括湖南省在内的多个省份的学前教育综合发展情况。从幼儿教师学历水平情况来看，全国专科及以上学历水平的幼儿教师占比从 2006 年的约 52.25% 提高到了 2016 年的约 77.55%，较 2006 年提高了约 25.3%，且城镇地区与农村地区间的差距有所缩小，幼儿教师学历层次不断提升，学历结构不断优化。数据显示，2016 年，城镇地区具有专科及以上学历水平的幼儿教师占比达到 80.24%，比 2006 年的 58.9% 提高了 21.34%，农村地区具有专科及以上学历水平的幼儿教师占比达到 64.97%，比 2006 年的 33.05% 提高了 31.92%。其中湖南省专科及以上学历水平的幼儿教师占比低于 72%，处于全国范围内的较低水平，且城镇地区幼儿教师学历水平也不占优势，整体提升空间很大。③

相关统计数据显示，2010—2016 年，湖南省幼儿园园长及专任教师的学历水平不断提升，2010 年，专科毕业及以上学历的园长及专任教师的占比约

---

① 曹志勇，宋家科. 农村学前教育的调查与思考：以益阳市资阳区茈湖口镇为例[J]. 湖南教育(上)，2012(9)：35.

② 邹海洋. 内涵发展：乡镇幼儿教育的迫切课题[J]. 湖南教育(上)，2013(7)：44.

③ 陈纯槿，范洁琼. 我国学前教育综合发展水平的省际比较与分析[J]. 学前教育研究，2018(12)：14-23.

为 63.3%，2016 年，这一数值上升到 70.45%。2014 年，湖南省幼儿园专科毕业及以上学历的园长及专任教师的占比约为 66.45%，而湖南省农村地区专科毕业及以上学历的园长及专任教师占比仅约为 51.16%，这表明农村地区幼儿教师的学历水平明显低于城市和县镇地区。2016 年，湖南省农村地区专科毕业及以上学历的园长及专任教师占比上升到 57.74%，2014—2016 年三年间增长了约 6.58 个百分点。具体数据见表 3-6 和表 3-7。

表 3-6　2010—2016 年湖南省幼儿园园长、专任教师学历数据

单位：人

年份	幼儿园园长、专任教师学历					
	总计	研究生	本科	专科	高中	高中以下
2010	56 734	63	4 517	31 334	19 572	1 248
2011	66 845	109	5 301	35 718	23 737	1 980
2012	77 262	87	6 282	42 992	26 051	1 850
2013	83 908	120	7 120	47 748	26 736	2 184
2014	91 235	144	8 317	52 161	28 309	2 304
2015	100 528	162	9 601	60 325	27 892	2 548
2016	109 589	171	10 994	66 040	30 053	2 331

表 3-7　2014-2016 年湖南省农村幼儿园园长、专任教师学历数据

单位：人

年份	农村幼儿园园长、专任教师学历					
	总计	研究生	本科	专科	高中	高中以下
2014	20 559	2	901	9 615	9 160	881
2015	22 073	4	1 163	11 294	8 518	1 094
2016	21 904	9	1 203	11 435	8 452	805

2018 年，有学者对湖南省农村学前教育师资队伍基本状况及补充机制进行调查研究，随机抽取了来自不同区县的 65 所农村幼儿园，选取了其中的 115 名农村幼儿园园长和 800 名农村幼儿教师作为调查对象。调查结果显示，农村幼儿园教师的学历层次普遍偏低，在 915 名被调查对象中，具有大专及

以上学历的占比约为 16%，高中及中专学历占比约为 74%，初中及以下学历的占比约为 10%。被调查对象大多来自非学前教育专业，且许多是由农村中小学富余教师转岗而来，调查数据显示，具有学前教育专业背景的占比仅约为 30.5%。

从农村幼儿教师的年龄分布来看，也呈现两头高中间低的态势，25 岁以下的年轻教师占比为约 33%，25—40 岁的教师占比约为 21.4%，40 岁以上的教师占比约为 45.6%。一般来说，25—40 岁这个年龄段的教师是幼儿园的骨干力量，他们往往积累了一定的教育经验且年富力强，但调查显示湖南省农村幼儿教师这一年龄段的比例最低，这背后可能有多方面原因：一是农村中小学转岗教师一般年龄偏大；二是农村幼儿教师流失严重，许多年轻教师工作几年后会因为工作强度大、收入待遇低、发展空间小等原因选择转行；三是政府这几年在着力解决农村幼儿教师缺乏的问题，针对农村幼儿园培养了一大批学前教育专业学生。

调查发现，农村新进幼儿教师主要有以下几个渠道，分别是教育行政部门统一招聘、幼儿园自主聘用、学前教育专业本专科定向培养、中小学教师转岗、农村特岗教师计划等，其中教育行政部门统一招聘占比最高，约为 30.71%。此次调查还发现农村幼儿教师中无证上岗的比例非常高，调查数据显示，仅有约 15% 的农村幼儿教师考取了幼儿园教师资格证。①

2022 年发布的《湖南省学前教育发展提升行动计划（2022—2025 年）》进一步强调各地要落实教师资格准入制度与定期注册制度，落实幼儿园持证上岗制度，切实把好入口关。

（二）湖南省各地加大了对农村在职幼儿教师的培训力度

2010 年以前，幼儿园教师曾长期处在政府对基础教育师资的管理和培训之外。在制订中小学教师培训计划时，幼儿园教师长期得不到重视，不管是政府教育行政部门组织的免费培训还是收费培训，给到幼儿园的名额都十分有限，许多乡镇幼儿园教师甚至从未获得外出参加培训的机会。

2010 年之后，随着国家对学前教育的重视程度越来越高，加强学前教育

---

① 李洋，陈希. 农村幼儿园教师队伍建设现状与促进策略[J]. 学前教育研究，2018(9)：61.

师资队伍建设终于成为各地政府的重要工作之一。针对农村地区幼儿教师专业素养普遍偏低的情况，湖南省各地纷纷通过建立健全在职幼儿教师培训制度，落实培训经费，开展多种形式的专业培训，努力提升农村学前教育师资队伍的专业化水平。

长沙市搭建幼儿教师交流学习的平台，鼓励城乡幼儿教师结对帮扶。2011 年，长沙市组织 18 所省、市级示范性幼儿园对口帮扶 18 所农村幼儿园，采取签订帮扶协议、派驻管理人员和骨干教师、组织教师跟班见习等措施，整体提升帮扶园所幼儿教师专业素养与能力。

针对现有幼儿教师队伍专业素养普遍不高的问题，保靖县通过加强对幼儿教师的专业培训，努力提升师资队伍素质。保靖县将幼儿教师的培养培训纳入了全县中小学教师专业成长行动计划，全县所有公办幼儿教师都参加了非学历远程教育和"教师专业成长计划"系列培训，还有 132 名幼儿教师参加了"农村幼儿教师国培计划""我与名师面对面"优质课现场观摩交流等培训项目。

2014 年 11 月，湘西自治州在保靖县清水坪幼儿园（现为清水坪学校幼儿园）召开了"州级示范幼儿园"评审会和湘西自治州《3—6 岁儿童学习与发展指南》实践现场会"，将清水坪幼儿园开展教师专业培训的优秀经验作为湘西自治州的先进典型向湖南省推送。清水坪幼儿园作为保靖县规模最大的农村幼儿园，尽管已经获得了州级示范园的称号，但幼儿园师资队伍的专业化水平的提升却没那么容易。很多老教师，特别是由小学转岗而来的老教师，早已经习惯了"小学化"的教学模式。保靖县教育局借力"三区"支教的东风，将株洲来保靖支教的 3 名专业幼儿教师安排到清水坪幼儿园。她们围绕"去小学化"的主题，从落后教育观念的转变、园舍的布置、活动的组织与开展、玩教具的制作、家园沟通等幼儿园工作的各个方面着手，系统化地开展培训与指导，收效显著。清水坪幼儿园的面貌焕然一新，班级课桌椅的摆放由以前的排排坐改成了围合式，课堂集体教学活动也开始了更多的游戏化尝试，活动室和走廊都摆放或悬挂着幼儿教师带领幼儿用巴茅秆、稻草等乡野材料一起制作的美工作品，户外的亲子游戏、体能大循环活动也接连开展起来，更关键的是幼儿园教师的教育理念和教学方式都发生了根本性的转变。①

湖南省宁乡县也非常重视学前教育师资队伍的培训工作，2012年，宁乡县就组织了7个批次的专业培训活动。2012年2月，宁乡县组织了45名乡镇分管业务的校长和示范性幼儿园园长赴长沙参观学习；2012年3月，宁乡县开展了面向300余名园长、中层骨干的学前教育专业业务培训；2012年3月和5月，组织了示范园送教下乡活动；2012年10月，开展了全县幼儿园信息管理员培训；2012年11月，开展了全县幼儿园安全管理员培训；2012年12月，开展了全县卫生保健工作人员业务培训。同年，还组织了231名园长、幼儿教师、保育员参加了学前教育领域的"国培"，组织了151名园长、幼儿教师参加学前教育领域的"省培""市培"。据统计，2012年全年，宁乡县参加各级各类培训的园长、幼儿教师、保育员达2 283人次。宁乡县对学前教育师资队伍建设工作的重视和支持，使得三年间，宁乡县学前教育师资队伍发生了翻天覆地的变化，成功组建了一支专业的、高质量的学前教育师资队伍，为宁乡县学前教育的高质量发展起到了十分关键的作用。②

2019年12月21日，长沙师范学院学前教育专业支持长沙县农村幼儿园教育体制行动计划正式拉开帷幕。江背镇特立中心幼儿园、黄兴镇中心幼儿园等12所农村幼儿园与长沙师范学院签订战略合作协议，就幼儿园环境创设、保教活动设计与组织、教育资源建设等方面进行幼教师资的联合培养。2022年发布的《湖南省学前教育发展提升行动计划（2022—2025年）》中进一步提出，鼓励高校、教科研机构和优质幼儿园采取送教下乡、跟岗学习、在线培训等方式结对帮扶基层、边远和欠发达地区幼儿园。

（三）农村幼儿园在幼儿教师队伍建设方面的自主探索

师资队伍不稳定一直以来都是困扰各个幼儿园，特别是农村幼儿园和民办幼儿园的大难题。长期以来幼儿教师工作强度高、安全责任大，但工资待遇偏低、职业晋升和发展空间有限，这些因素严重制约了学前教育师资队伍

---

① 田亚君. 第一推动力的解读：保靖县发展学前教育纪实[J]. 湖南教育（A版），2016（6）：20-21.

② 何宗焕，王振亚，喻超，等. 极目楚沩阔：宁乡县基础教育综合改革纪实[J]. 湖南教育（上），2013（8）：9.

的建设和发展。一方面是学前教育专业毕业生不愿意从事幼儿教师职业，纷纷选择跨专业就业；另一方面，大批在职幼儿教师工作几年以后，难以坚持，选择转岗或者跳槽。这一难题一直困扰着幼儿园师资队伍建设工作的开展，许多幼儿园不得不年年发愁如何留下在任老教师，以及如何招聘到合格的新教师。许多园长发出感慨："幼儿园就像是一个旅店，许多幼儿教师都是匆匆地来，又匆匆地走了，好不容易将一批批学前教育专业毕业生培养成合格的、优秀的幼儿园骨干教师，没两年她们又都因为工资待遇或是工作强度纷纷选择离职，能留下来的优秀幼儿教师太少了。"

至于偏远农村地区，师资队伍建设工作则更为艰难，长期以来，具有学前教育专业背景的幼儿教师极为短缺，迫使农村幼儿教师的从业门槛一降再降，甚至有些地方只要初中毕业就可以担任幼儿教师，导致农村地区的学前教育师资队伍质量十分低下，既严重影响了农村地区的学前教育质量，同时也使得社会对幼儿教师群体的观感和评价一再下降。针对这种状况，部分幼儿园探索出了有效的改善路径。

例如，湖南省长沙县六艺天骄幼儿园依托师资队伍建设工作，将原本的一所名不见经传的农村公办幼儿园，打造成了长沙县首屈一指的省级示范性幼儿园。

六艺天骄幼儿园把幼儿园师资队伍建设放在幼儿园发展的关键位置，致力于引领幼儿教师专业成长。2012 年暑假，当时陆续有 15 名幼儿教师提出离职申请，给幼儿园带来了巨大的困难和压力。为了确保 9 月份师资到位、顺利开学，幼儿园的管理团队放弃暑假休息，快速忙碌了起来。一方面，一对一地和打算离职的幼儿教师做思想工作，争取留下她们；另一方面，面向全国招聘优秀幼儿教师补充师资队伍缺口；同时，为保障 9 月开园前师资充足，幼儿园还决定将所有有过幼儿园一线教学经验的行政人员一律安排到班级，补充师资缺口。在一系列举措下，师资缺口的难关算是顺利度过了，但是这一突发事件也使得幼儿园的管理团队不得不认真思考起幼儿园师资队伍建设的长远规划问题。

为确保幼儿园师资队伍的稳定，建设一支高水平、高质量的优秀师资队伍，六艺天骄幼儿园开启了一条探索之路。一方面，努力为幼儿教师的专业成长和职业发展创造条件。2018 年，六艺天骄幼儿园成立了六艺天骄学前教育集团，由六艺天骄幼儿园总园、六艺天骄星城幼儿园、六艺天骄松雅湖幼儿园，以及业务帮扶园所六艺天骄长龙幼儿园四所幼儿园构成。集团化办园的策略使得园内培养的一大批优秀幼儿教师和管理人员有了更好的发展机遇，也为园内的年轻教师指明了一条职业发展和晋升的康庄大道。

另一方面，通过帮扶农村幼儿园、薄弱幼儿园、民办幼儿园，既助力了幼儿教师的专业成长，也给一批优秀幼儿教师提供了更大的展示舞台。早在2013年，六艺天骄幼儿园就在长沙县教育局的统一部署下参与了助力城乡学前教育均衡发展的结对帮扶工作。作为长沙县首个成立的学前教育集团，六艺天骄幼儿园也深感自己责任重大，积极开展了针对长沙县农村幼儿园、薄弱幼儿园和民办幼儿园的帮扶行动。长沙县青山铺镇中心幼儿园、黄兴镇蓝天幼儿园、开慧镇白沙幼儿园、椰梨街道中心幼儿园、黄花镇中心幼儿园等都是六艺天骄幼儿园的对口支援和帮扶园所。六艺天骄幼儿园每学期都会选派集团内的优秀骨干幼儿教师到对口帮扶园所开展送教入园活动，协助被帮扶幼儿园开展专题培训、示范研讨活动，通过多种形式的专业培训，努力提高帮扶园所幼儿教师的专业素养与业务能力，从而提升其整体师资水平。

六艺天骄幼儿园的体育教师杨奎便是送教团队中的一员，刚开始参与送教入园活动之初，杨老师发现许多农村地区的幼儿园严重缺乏体育运动器械，为了更好地示范和讲解体育游戏活动，杨老师经常背着重重的体育运动器械，辗转两个半小时的公交车，去到受帮扶幼儿园送教。虽然路途遥远，十分辛苦，但每次看到农村幼儿那一双双充满惊喜、充满渴望的大眼睛，这个"90后"男教师便不由得干劲十足。近年来，六艺天骄幼儿园的送教帮扶范围越来越广，已经拓展到湘西自治州、邵阳市等地的农村幼儿园，受到了农村幼儿教师的热烈欢迎。①

---

① 吴秀娟. 让"幼有所育"从理想照进现实：长沙县六艺天骄幼儿园师资建设纪实[J]. 湖南教育（A版），2019（12）：20-21.

第四节　湖南省农村学前教育活动的规范与探索

一、加强对农村幼儿园保教活动的管理，纠正"小学化"倾向

　　幼儿园"小学化"屡禁不止一直是制约湖南省学前教育质量提升的关键问题之一，而农村地区幼儿园的"小学化"则更为普遍和突出。大多数农村幼儿教师的教育观念比较陈旧、落后，专业知识、专业技能都较为欠缺，他们大多不是学前教育专业出身，或没有进行过学前教育专业的相关培训就直接上岗。调查发现，农村幼儿园教什么内容大多来自幼儿园定的教材和家长的要求。为幼儿上小学做准备的"读、写、算"技能家长尤为看重，导致农村幼儿园"小学化"倾向严重，"教师讲、幼儿听"的课堂教学是最主要的教学形式。

　　2010 年之后，湖南省各市、县相继成立了专门的学前教育管理办公室，负责统筹、协调、管理、指导学前教育工作，规范幼儿园的办园行为，加强对幼儿园保教行为的管理，提升幼儿园的保教质量。例如，汨罗市在 2011 年就创新了幼儿园评价机制，用星级幼儿园评审作为引领，在 7 个乡镇地区评选 7 所二星级幼儿园作为样板园，引导各乡镇农村幼儿园提升保教质量。

　　常德汉寿县中心幼儿园自行编写了《幼儿一日活动行为细则》，并将其推广到了汉寿县所有的幼儿园，从而很好地保障了汉寿县各级各类幼儿园的办园规范性和办园质量。《幼儿一日活动行为细则》将幼儿一日生活分成为生活、运动、游戏、学习四大活动板块，并对幼儿、幼儿教师、幼儿家长都提出了明确的要求。以"生活活动"这一板块为例，包含了入园、饮水、盥洗、餐点、睡眠、如厕、离园 7 个环节。"餐点"环节对幼儿的要求是：餐前自觉洗手；认真进食，不边吃边玩；独立进食，不依赖老师；正确使用餐具；文明进餐；细嚼慢咽；不挑食，不偏食，不剩饭菜；保持桌面、衣服清洁；餐后正确使用餐巾。"离园"环节对家长的要求是："三看"，一看幼儿园和班级有无通知，二看"家园栏"的工作安排和育儿指导，三看幼儿的活动作品和老师的活动记录；"三问"，一问孩子在园情绪，二问当天做了什么游戏，三问

有什么想告诉爸爸妈妈的。①

　　靖州苗族侗族自治县为推进城乡学前教育均衡发展，提升农村地区幼儿园的保教质量，近年来积极推动幼儿园课堂教学改革与创新，将城乡地区幼儿园召集起来，定期举办赛课、技能比武等活动。2011 年，靖州苗族侗族自治县职教中心先后深入辖区内 16 个乡镇的民办幼儿园听课 90 余节，指导教研活动 30 多次，基本形成了城乡互动、共同提高的农村学前教育发展新模式。②

　　2014 年 8 月，湖南省教育厅印发《关于切实纠正学前教育"小学化"现象提高幼儿园保教工作质量的通知》，通知中提出要建立针对农村幼儿园保教工作的对口帮扶制度，各地要依托城市优质幼儿园和农村乡镇中心幼儿园，通过建立"结对子"等帮扶制度，对口支持农村幼儿园特别是村级幼儿园（学前班）发展，要通过定期送教上门、培训指导、教育活动交流研讨等多种形式，帮助薄弱幼儿园提高保教工作水平。有条件的对口支持幼儿园可组织捐赠，提供玩教具和教师用书等物质援助，改善农村薄弱幼儿园保教工作条件。幼儿园"小学化"的现象由来已久，要彻底解决这一问题需要政府、社会、家庭、学前教育工作者、幼儿园、小学等多个相关方共同努力。

二、农村地区幼儿园积极探索具有农村特色的保教活动

　　湘西自治州保靖县各个幼儿园结合各地实际办出了个性，办出了特色。清水坪幼儿园是湘西自治州示范幼儿园，也是保靖县规模最大的农村幼儿园，该园结合农村特点，发展特色体育游戏。一方面，突出山里娃运动能力强的优势；另一方面，避开农村幼儿教师专业技能不足的劣势，以体育运动为突破口，开展特色体育游戏活动。幼儿教师将随处可得的废旧纸箱打造成了供幼儿开展爬行游戏的"坦克垫"，用旧布块和竹圈做成了玩抛接球游戏的"弹弹乐"，将一个个废旧易拉罐变成了玩平衡游戏的"梅花桩"，幼儿教师还利用废旧材料和乡野材料手工制作了 20 多种自制运动器械，供孩子们玩踩

　　① 江新军，何宗焕，刘秋泉，等. 映日荷花别样红：汉寿县大力发展学前教育纪实[J]. 湖南教育（上），2013(5)：8-9.
　　② 陈文静，谢真燕. 百名幼师"晒"技能[J]. 湖南教育（上），2011(1)：24.

高跷、竹竿舞、跳米袋、钻套圈等多样化的体育游戏。

保靖县幼儿园虽然场地不大、空间有限，也想方设法将活动室、楼顶、操场、室内室外的墙壁等空间充分利用起来，将幼儿教师带领幼儿一起收集的废旧材料，如旧的锅碗瓢盆等厨具、餐具以及水管、圆木等废旧建筑材料进行整合、改造，开辟出了建构区、美食区、陶艺区、美工区、绘画区、运动区等20多个游戏区角，供幼儿开展区域活动。

地处高寒山区的野竹坪幼儿园，针对山区教学材料短缺的困难，结合当地山区、农村特色，将当地农家常见的蓑衣、斗笠、大风车、饭箩等农具搬进幼儿园的课堂，用稻草、竹子、麻绳、包谷秆等身边的乡野材料装饰活动室、走廊，用竹子、杉树制作转圈、套圈、高脚马等运动器械，供幼儿开展体育游戏活动。

保靖县胜利幼儿园带领幼儿在园内开展如跳房子、打骆驼、踢毽子、丢沙包、滚铁环等丰富多彩的民间传统游戏。[1]

湖南省宁乡县幼儿园承担了全国教育科学"十二五"规划课题"乡村幼儿游戏课程开发与研究"的课题项目，依托课题研究，宁乡县幼儿园将适合小班幼儿的推小车、放鞭炮，适合中班幼儿的玩风车、吹泡泡，适合大班幼儿的踩高跷、跳房子等300多个游戏收录在了课题研究成果《乡村幼儿游戏课程开发与研究》一书中，这一研究为农村幼儿园游戏活动的开展提供了有益借鉴和示范。[2]

常德市汉寿县太子庙乡中心幼儿园(现为太子庙镇中心幼儿园)是典型的农村幼儿园，在创建幼儿园特色时充分结合了农村特点。农村的幼儿不娇气，经常在泥巴地里摸爬滚打，汉寿县太子庙乡中心幼儿园就以体能训练为特色，带领孩子们开展跳羊角球、套圈、攀爬等游戏。幼儿园教师利用自然材料制作了平衡木、高跷、沙包等适合幼儿游戏的器械，还自编了一套中华功夫，作为幼儿园早操的练习项目。[3]

---

① 田亚君. 第一推动力的解读：保靖县发展学前教育纪实[J]. 湖南教育(A版)，2016(6)：21.
② 何宗焕，王振亚，喻超，等. 极目楚汾阔：宁乡县基础教育综合改革纪实[J]. 湖南教育(上)，2013(8)：9.
③ 江新军，何宗焕，刘秋泉，等. 映日荷花别样红：汉寿县大力发展学前教育纪实[J]. 湖南教育(上)，2013(5)：8-9.

学前教育阶段的课程与其他教育阶段不同，学前教育阶段的课程建设一直是以地方和幼儿园自建课程体系为主，因此有较大的自主发挥空间，许多幼儿园便利用当地特色资源来建设幼儿园园本课程体系。

例如，湖南省湘西地区是少数民族聚居地，湘西自治州拥有丰富的少数民族文化资源，该地区的农村幼儿园利用少数民族文化资源建设了具有民族文化特色的幼儿园课程体系，如怀化沅陵县的幼儿园将当地苗族文化资源融入幼儿园课程体系建设，积累了许多经验。

当地幼儿园深入挖掘苗族物质文化资源和精神文化资源，将这些民族特色文化资源融入幼儿园日常教学当中，向幼儿介绍各种具有苗族特色的建筑、服饰、交通工具、民间文学作品、体育游戏活动等。有学者调查统计发现，被调查的当地幼儿园的教师中，几乎所有教师都组织过以苗族龙船节为主题的活动；有约 58% 的教师向幼儿介绍过晒兰，约 32% 的教师向幼儿介绍过熏腊制品，晒兰和熏腊制品都是沅陵县苗族最具特色的食物；有约 88% 的教师给幼儿讲过《熊娘外婆》的寓言故事，约 54% 的教师给幼儿讲过"二酉洞的传说"，像《张打铁李打铁》《虫儿飞》等童谣则经常被渗透到教学活动的各个环节当中；有约 45% 的教师向幼儿介绍过苗族的银饰；有约 22% 的教师向幼儿介绍过背篓。[①]

三、关于适合农村的学前教育活动形式的思考

农村应该实施什么样的学前教育，这是许多农村学前教育工作者一直在探究也一直在困惑的问题。长期以来，许多农村学前教育工作者一味向城市学习，将城市幼儿园的工作经验照搬到农村幼儿园来，但他们发现，效果往往不尽如人意。农村幼儿园的硬件条件、设施设备与城市幼儿园存在差距，农村幼儿教师的教育理念与专业素养也处于较低的水平，这一系列原因导致向城市幼儿园学习陷入了"画虎不成反类犬"的窘境。有学者认为，农村幼儿园应该因地制宜，结合农村特点，利用农村现有条件，开发具有农村特色的幼儿园课程体系及学前教育发展模式。

---

① 杨莉君，曹莉. 幼儿园在开发利用地方民族文化资源过程中存在的问题及其解决策略：以沅陵县幼儿园对当地苗族文化课程资源的开发为例[J]. 学前教育研究，2010(7)：51-53.

长沙师范学院党委委员、副校长皮军功就提出，农村幼儿教育应该树立自然教育的理念。农村幼儿身处大自然当中，具有亲近自然的优势，农村学前教育应充分发挥这一优势，开发与城市幼儿园截然不同的课程体系。应摒弃以往的"小学化"教学模式，把幼儿从教室解放出来，从识字、拼音、算术中解放出来，让他们去尽情地拥抱大自然，去大自然中奔跑，认识自然、体验万物、锻炼身心，通过与大自然的充分接触，在自然中去成长，去获得发展。[1]

还有学者研究发现，农村幼儿园的幼儿拥有比城市幼儿园幼儿更多的自主游戏的时间和空间，农村幼儿教师对幼儿的自主游戏也介入较少，这种没有秩序感的游戏场景，在部分专家、学者眼中可能被看作是无价值的游戏，没有明确的游戏目的、游戏准备、游戏玩法，但是对幼儿而言，这可能才是真正的游戏，自由自在的游戏。

湖南省农村地区有大量的小学附属幼儿园或学前班，研究发现，这类幼儿园或学前班的作息时间大致与小学同步，但相较小学更为自由，可以由幼儿教师自行调整集体活动与游戏时间及午睡时长。由于有的幼儿家长需要早起做农活，有的幼儿早上六点多便会来到学校，与城市幼儿园直接进班不同，农村小学附属幼儿园的幼儿到校以后可以在校内进行自由活动，直到幼儿园老师上班再进教室。集体活动与游戏时间的分配也相对自由，在教室内进行教学活动之外的时间，都可以由幼儿自由安排，这几乎都是他们的自主游戏时间。

大量的自主游戏时间也使得农村幼儿游戏更多地呈现出自发游戏为主的特点，农村幼儿教师在课堂教学外的时间，不会对幼儿游戏有过多干涉，幼儿可以自主决定游戏地点、游戏内容、游戏形式。同时，由于没有老师的规定和限制，进行群体游戏的概率也会更大，幼儿们三五成群，自由组队一起玩游戏，常见的游戏有老鹰捉小鸡、木头人、兵抓贼、丢沙包、拍手童谣等。由于农村幼儿园没有提供像城市幼儿园那么丰富多样的游戏器械和玩具设备，反而使得农村幼儿的游戏玩法更灵活多样，也更具创造性，比如教室里的小椅子都能被他们玩出多种玩法：一会儿开火车，一会儿搭架子。农村

---

[1]　皮军功. 自然教育：农村幼儿教育的基本理念[J]. 学前教育研究，2012(11)：17-19.

幼儿可以获得的材料与城市幼儿也有所不同，他们没有丰富的、现成的玩教具，他们玩的是来自大自然的材料，如树枝、树叶、花草、昆虫、石头、泥巴、竹筒、砖块等等，还有一些生活中的废旧材料，如报纸、挂历、糖纸、包装盒、卡片等，农村常见的猫猫狗狗则可以成为他们的游戏玩伴。①

农村小学附属幼儿园或学前班的幼儿教师，他们对自己角色的定位更接近小学教师，认为课堂上的教育教学才是最重要的，幼儿园关键是帮幼儿入小学打好基础，玩游戏是幼儿自己的事，不需要教师去介入。这样的认识有利有弊，利在于给予了幼儿更多的游戏时间、游戏空间和游戏的机会，对幼儿的游戏限制少，他们拥有游戏的自由，弊端则在于幼儿的游戏缺乏必要的支持，更多地停留在原始自发游戏层面，很难更进一步。

第五节　湖南省发展农村学前教育的实践探索

一、常德市汉寿县发展农村学前教育的经验

湖南省常德市汉寿县县委、县政府早在 2008 年就做出了超前发展当地学前教育的决策，2008 年，汉寿县决定将一所完全小学改办为县中心幼儿园。决策之初，改建工作进展并不顺利，因为涉及原有小学学生的转学问题，许多小学家长抗议，但在教育局工作人员的耐心协调下，县中心幼儿园的改建工作开始推进，并于当年 9 月顺利开园，这也是汉寿县第一所公办中心幼儿园，其改建的意义十分重大。从最初的改建到后期的改造、完善、设备添置、人员培训等，汉寿县在 2008 年至 2013 年间，累计投入了 1 000 余万元资金，为汉寿县学前教育发展树立了一个标杆，也显示出了汉寿县发展学前教育的决心。

在国家提出要重点发展农村学前教育的号召下，汉寿县也快速响应。2011 年，汉寿县政府制订了《汉寿县学前教育三年行动计划（2011—2013）》，为当地学前教育的发展制定了详细的路线图与时间表。行动计划提出了 2011

---

① 杨慧敏，黄进. 乡村幼儿园游戏活动的考察与审思：以中部某省某乡村幼儿园为例[J]. 学前教育研究，2012(6)：24-28.

年全县要创建 2 所公办的乡镇中心幼儿园，新建、改扩建 2 所幼儿园，2012年，新建、改扩建 6 所幼儿园，2013 年，新建、改扩建 10 所幼儿园的发展目标。

但汉寿县学前教育的实际发展速度之快远超三年行动计划提出的目标，2011 年，汉寿县实际创建了 6 所公办幼儿园，新增了 6 所普惠性民办园，2012 年，实际创建了 13 所公办幼儿园，新增了 6 所普惠性民办园，超额完成了之前设定的目标。汉寿县学前教育的发展取得如此显著的成果，其发展经验可以总结为以下几个方面：

1. 切实做好政府财政投入和经费保障

汉寿县作为农业大县，地方财政实力并不雄厚，但对于发展学前教育，县委、县政府高度重视、决心很大，且通过一系列举措切实保障了发展学前教育的财政经费投入。为了发展好汉寿县的农村学前教育，汉寿县人大、政协多次组织人大代表、政协委员深入乡村调研学前教育发展情况，积极为学前教育发展献言献策。汉寿县政府自 2008 年以来，积极向上级领导部门争取了学前教育专项经费 4 000 万元，用来新建 19 所乡镇中心幼儿园，大幅增加了公办园的占比，有效落实了公办民办并举。除向上争取经费以外，汉寿县财政也加大了对学前教育的投入力度，汉寿县除了在三年行动计划中明确由县级财政每年安排 400 万元学前教育专项经费外，还分别在 2011 年投入了800 万元，2012 年投入了 919 万元用于发展当地学前教育。在政府财政投入之外，汉寿县还积极鼓励社会力量投入发展学前教育，自 2008 年以来，汉寿县共投入了 8 000 余万元社会资金用于建设民办幼儿园。

汉寿县近年来新建的乡镇中心幼儿园都是按高标准规划、建设的，完全改变了以往人们对农村幼儿园空间局促、设施设备简陋的固有看法。汉寿县罐头嘴镇中心幼儿园是 2012 年开工建设的一所总投资 500 余万元，占地3 800 平方米，建筑面积 1 400 平方米，户外活动面积 2 300 平方米的高标准乡镇中心幼儿园。幼儿园活动室的配置标准也很高，活动室内分布着玩具区、图书区、建构区、生活超市等丰富多样的区角，电脑、电视、电钢琴、空调、饮水机等设施配备齐全，盥洗室配备有洗衣机、消毒柜，幼儿寝室空间宽敞，整齐摆放着根据幼儿身高定制的实木小床。

2. 加强幼儿园规范化管理，提升学前教育整体质量

近几年，通过加强对县域内幼儿园的规范化管理，汉寿县的乡镇农村幼儿园以往办园规模小、条件设备简陋、管理松散、办园质量差的面貌得到了很大改善。2011年，汉寿县针对县域内的所有幼儿园开展了一次全面清理整顿。此次行动由副县长牵头，县教育局、县公安局、县卫生局等10余个职能部门参与，共整顿了52所存在严重安全隐患、经整改仍不达标的幼儿园，关停了4所无证幼儿园，同时还针对幼儿园接送车辆不合格的情况开展了幼儿园校车专项整顿清理。

为解决校车不合格这一棘手问题，汉寿县创新式地引入了公司化运营模式，由汉寿国财公司出资购置了30台高标准的专用校车，并首先在罐头嘴镇和太子庙镇开展了新校车运营试点。太子庙镇共有5所幼儿园，1 100余名在园幼儿，共配置了16台标准校车，幼儿的乘车费用政府补贴一部分，其余由幼儿家长承担，根据乘车距离收费，每学期每人350~700元左右。这一举措有效解决了校车安全隐患，保证了幼儿园的接送安全。

汉寿县政府加强幼儿园规范化管理还体现在下大力气治理幼儿园"小学化"倾向上。汉寿县中心幼儿园创建之初，园长及主要管理人员都去到湖南省会长沙进行了学习培训，并邀请了湖南省学前教育领域专家周丛笑，湖南省名园长向松梅、郑琴等来园指导课程体系建设及日常教育教学活动安排。再由汉寿县中心幼儿园负责引领和规范汉寿县其他幼儿园的教育教学工作。为了进一步加强学前教育领域的规范化、制度化，汉寿县统一了县域内所有幼儿园的开学、放假时间，并与中小学同步，统一制定、下发了《汉寿县幼儿园一日活动安排表》《幼儿园周计划表》《幼儿园教师和保育员工作要求和流程》等涵盖幼儿园教学活动、户外活动、幼儿膳食等工作的规范化的制度文件。为了杜绝幼儿园"小学化"，汉寿县还进一步规范了幼儿园教学内容，要求全县幼儿园统一使用湖南省教育科学研究院编制的《多元整合幼儿园教育活动资源包》，在这套资源包的基础上开展活动设计和组织。

3. 发挥中心幼儿园的示范引领作用，推动城乡区域间均衡发展

汉寿县教育局提出要求，县域内城区优质园所和乡镇中心幼儿园有义务指导、扶助其他幼儿园，其他发展较弱的园所也要主动向优质园所学习。汉

寿县中心幼儿园自行编制的《幼儿一日活动行为细则》，推广到了汉寿县所有的公办、民办幼儿园，成为提升全县学前教育办园质量的有力举措。

汉寿县罐头嘴镇中心幼儿园在创建之初，就获得了汉寿县中心幼儿园的悉心指导和帮扶，从幼儿园功能室的布局到幼儿园室内外环境的创设，再到开园之前的幼儿教师跟岗学习培训，还包括班级管理、档案整理、制度建设、家长工作等日常管理工作。

为了解决罐头嘴镇农村幼儿家长教育观念落后所引起的沟通困难的问题，汉寿县中心幼儿园教师指导罐头嘴镇中心幼儿园建立起了"家园栏"，每周定时将幼儿在园学习活动的主要内容、对家长的要求等都展示出来。例如，这周布置的是引导幼儿认识各种各样的汽车以及剪花制作，那教师就可以提示家长，请家长和幼儿一起查找、搜寻多种多样的汽车样式，或是请家长教给幼儿多种常见的剪花形式。幼儿教师日常也会将幼儿创作的作品及时张贴在班级主题墙上，通过一系列丰富多彩的活动，逐步转变家长以往只重视识字、数数、背诗等小学教学的落后观念，重新认识科学的学前教育。

4. 重视学前教育师资队伍建设

为有效提升汉寿县学前教育的办园质量，汉寿县政府致力于建设一支高素质、专业化的学前教育师资队伍。一方面是加强对学前教育师资队伍的培训，从园长、幼儿教师到保育员，从"县培""市培"到"省培""国培"，每年每个园都分配有培训指标，计划用三年时间，对全县所有幼儿教师展开一轮全面的培训，争取每名幼儿教师都参培到位。另一方面，为幼儿教师提供外出考察学习的机会，鼓励教师到省内外优秀幼儿园跟岗学习，学成归来后将自己的学习收获和经验分享给园内其他教师，通过园本培训提升幼儿园整体师资队伍水平。①

二、韶山市发展农村学前教育的经验

湖南省韶山市是伟人的故乡，也是湖南省湘潭市下属的县级市。2010年以来，韶山市在治理农村幼儿园"小学化"现象上取得了十分显著的成绩。

---

① 江新军，何宗焕，刘秋泉，等. 映日荷花别样红：汉寿县大力发展学前教育纪实[J]. 湖南教育（上），2013(5)：4-9.

2012 年，韶山市成为湘潭市唯一一个获评湖南省发展学前教育三年行动计划的先进县市，2013 年，韶山市成为湖南省贯彻国家《3—6 岁儿童学习与发展指南》实验县市。韶山市在学前教育科学发展之路上所取得的成绩主要得益于以下几个方面：

1. 韶山市从上至下都充分认识到了科学的学前教育理念对办好学前教育的引领和推动作用

韶山市从市委、市政府到教育行政部门再到各个幼儿园的园长和老师，自上而下都充分认识到了科学的学前教育理念对办好学前教育的重要性。当时分管教育的韶山市副市长肖泽辉多次在公开场合强调和呼吁："对于幼儿园的孩子，不能强调文化知识教育，要重在培养孩子良好的行为习惯与集体意识。"让学前教育回归教育的本源，尊重幼儿爱玩的天性，守护孩子的幸福童年是韶山市幼教人共同的信念和追求。在正确理念的引导下，原来的"小学化"现象在韶山市的各级幼儿园几乎销声匿迹。

但是这一转变并不容易。韶山市杨林乡中心幼儿园是杨林乡最大的民办幼儿园，以前，他们也像许多民办园一样，为了迎合家长的喜好和家长望子成龙、望女成凤的心理，早早地就在幼儿园阶段教给孩子们各种小学的文化知识。自从韶山市开始全面推广区域活动后，这一局面发生了改变，但这一改变刚开始受到了很多家长的质疑。

幼儿园有位幼儿的家长，以前孙女这里读幼儿园的时候，学会了加减乘除等简单的数学运算，2014 年孙子也到了上幼儿园的年龄，他却发现孙子在幼儿园居然什么文化知识都没学到，就质疑杨林乡中心幼儿园"越教越不行了"，还打算把孙子转学到能学文化知识的幼儿园去。可是，到了周边多个幼儿园打听，才发现现在幼儿园都不教文化知识了。

韶山市艺术幼儿园在调整教育教学内容之初也遭遇了幼儿家长们的不理解和抗议。有幼儿家长直接冲到园长办公室抗议："我每个月给你们交了 120 元学费，可是我家孩子一天到晚就是玩，除了玩，学会了啥？你们是怎么教的？"尽管园长耐心地向幼儿家长解释爱玩是幼儿的天性，游戏是最适合幼儿的学习方式，但家长仍然不理解也不认同。

为了更好地向幼儿家长宣传科学的学前教育理念，韶山市艺术幼儿园想了很多办法，也做了很多尝试。例如，召开家长会，宣讲最新的学前教育理念，但是收效不明显；举办家长开放日活动，将幼儿园的一日活动展现给幼儿家长看；举办亲子活动，邀请家长和幼儿一起参与游戏；再有就是通过离园前给幼儿布置家庭作业，让每个幼儿把当天在幼儿园听到的、学到的故事讲给家长听，学到的游戏回家和家长一起玩。慢慢地，家长发现孩子每天在幼儿园还是有很多收获的，也就逐渐接受了新的理念，固有的观念也随之改变。虽然幼儿家长的观念在逐渐改变，但"不能让孩子输在起跑线上"的观点深入人心，且在幼儿家长之间不断强化，让幼儿学认字、学算术在农村幼儿园很有市场，但是这不利于幼儿的身心发展，因此更新幼儿家长的教育观念，杜绝"小学化"死灰复燃，注定是一场艰苦的持久战。为了防止韶山的学前教育重走"小学化"的回头路，韶山市教育局和教育督导室出台了硬性规定，但凡出现"小学化"倾向的幼儿园在年终考核时实行一票否决。

2. 将幼儿园区域活动办出特色，依托区域活动提升幼儿园保教质量

韶山市将幼儿园区域活动办出特色可以追溯到2000年6月，韶山市教育局幼教专干欧佩琦参加了在上海举办的幼儿教育理论讲座，讲座邀请了来自美国、日本、韩国的众多学前教育领域的专家，通过这次讲座，欧佩琦接触到了全新的幼教理念，回到韶山后，她利用农村自然资源，在韶山市的一些幼儿园开展了一系列主题游戏活动，如好玩的沙、好玩的芦苇、好玩的石头、好玩的纸球等。韶山市艺术幼儿园的园长也正烦恼如何为幼儿园的孩子们安排可供其自主支配的活动，让他们能充分释放天性。于是，幼儿园区域活动试点就在韶山市艺术幼儿园开展了起来。

起初，韶山市艺术幼儿园的幼儿教师还十分不理解，他们觉得开展区域活动要准备非常多的区角材料，比起日常组织教学活动需要花费更多的时间和心思，大大增加了他们的工作量。同时，开展户外区域活动，让孩子自主选择运动区域和游戏材料，增加了安全隐患，幼儿园老师们都不放心让班级幼儿参加。

面对老师们的不解和抱怨，韶山市艺术幼儿园的园长从物质上和精神上给予了幼儿教师充分的支持，一方面向老师们承诺"只要你规范当班，出了任何安全问题都由我来担着"，另一方面为幼儿园装备了复印机、裁纸机、

打孔机和装订机等工具设备，还给每位老师配置了笔记本电脑，并开通了无线上网功能，为老师们制作区角材料提供最大的便利。在幼儿教师的不懈努力下，班级的区角布置得越来越丰富，真正变成了孩子们自主游戏的乐园。

幼儿教师在班级区角中有目的地投放多样化的玩具制作材料，而且由一开始的封闭性游戏材料逐步转变为开放性游戏材料，大大增加了材料的可操作性和趣味性，不同材料的组合也千变万化。幼儿教师提供的区角材料大多数都是类似沙子、石头、木材、花果等自然材料，也有像纸盒、袋子、碎布、纸筒、小轮子、绳子等废旧材料，再加上自制的各种运动器械，幼儿园的小朋友们可以利用这些多种多样的材料自主创造游戏。例如，用建构区的纸盒、木块、瓶瓶罐罐等材料"搭桥""修路""建房子"，在美工区制作树叶拼贴画、蛋壳脸谱画、玉米皮娃娃等。幼儿教师还可以根据幼儿不同的性格特点，引导其参加不同类型的区角活动，如有的幼儿性格较内向、孤僻，不善交往，便可以让其参与果壳小动物的制作，在收集材料和与同伴的协作中提升交流沟通能力。

韶山市艺术幼儿园的户外运动游戏区也非常有特色，他们借鉴小学的大课间活动的形式，将幼儿园的户外场地划分出多个运动游戏区域，在每个运动区角安排幼儿教师进行管理和指导，以保证幼儿在区角游戏的安全性。同时，他们也会根据幼儿的年龄段隐性分区，引导小班幼儿在安全性较好、不容易受伤的塑胶场地开展游戏。全园幼儿打破年龄界线、班级界线一起玩游戏，有的在踢毽子，有的在玩皮球，有的玩滚桶子、滚轮胎，有的玩跷跷板，有的玩呼啦圈的，有的玩攀爬旋梯等大型玩具，还有的幼儿三五成群，聚在一起玩开火车的集体游戏，你推我拖，你跑我追，乐趣多多。

韶山市艺术幼儿园还充分结合了农村特点，用一间小木屋、一间小竹屋和一片草地打造出了一个"野趣园"。为了丰富"野趣园"的可玩性，幼儿教师在里面放置了大管道，设计了土坡，投放了大量玩具枪、野炊工具，孩子们特别喜欢在这里玩"打仗"的游戏。幼儿园还时不时根据幼儿的想法对"野趣园"的场地、设备进行升级改造，增设了"医院""防空洞""厨房"等新场景，还配备了汽车玩具、火车玩具，后期还专门开辟出了一块可以玩沙、玩泥巴、玩水的场地，使得"野趣园"真正成为孩子们自主游戏的乐园。这里所有的"游戏规则"都由幼儿自己制定，玩法都由幼儿自己设计，充分释放了孩子们的游戏天性，尤其受到孩子们的喜爱。

自从在全市范围内推广幼儿园区域活动以来，韶山市各个幼儿园都创设了丰富多样的区角，幼儿园班级教室内都设置了阅读区、美工区、建构区、益智区和角色扮演区等区角，在各个区角里，幼儿教师们投放了丰富多彩的材料，每天上午和下午，幼儿各有一个小时左右的时间开展区域游戏，幼儿可以自主选择区角进行游戏。除了室内区角之外，像韶山市艺术幼儿园这类的场地宽敞的园所还在户外设置了走、跑、跳、爬、钻、投等多种多样的户外运动游戏区。

区域游戏的持续开展也为幼儿园教师的日常工作提出了新的要求，和以往教师带领幼儿开展游戏不同，在区域活动中，幼儿教师既是教育者，又是幼儿的玩伴。幼儿教师的主要任务是观察幼儿、记录幼儿的活动情况，当幼儿需要教师的指导和帮助时，教师也尽量要以不破坏幼儿的自主性和自由为前提，最好是以游戏参与者、游戏同伴的身份去介入和指导幼儿。

随着区域活动在幼儿园的广泛开展，幼儿教师的教育教学能力也在不断提升。例如，韶山市艺术幼儿园的贺老师发现一到下雨天，区域活动的开展就十分受限，孩子们只能在走廊上玩丢沙包、踢瓶盖的小游戏，稍显单调。于是贺老师尝试通过调整投放材料，将幼儿平时爱玩的皮球、跳跳球放到走廊，再在活动室内布置了跳橡筋、抢板凳等游戏的场景，极大激发了幼儿的游戏兴趣。在玩抢板凳的游戏时，一开始贺老师会拿着铃鼓担任游戏的主持人，引导幼儿游戏，慢慢地当幼儿越来越熟悉游戏玩法后，他们会自告奋勇地承担游戏中的主要角色——"老师，我可不可以当主持人呀？""老师，我好想拍铃鼓的。"经过几次引导之后，贺老师的角色就由游戏主持人转变为了游戏的观察者，真正把游戏交给了孩子们。

3. 重视通过培训加强学前教育师资队伍建设

2010年，韶山市教育局的统计数据显示，韶山市共有18所幼儿园，150余名幼儿教师，但幼儿教师持证上岗的合格率只有约70%，且18名园长中只有3名园长具备合格的园长资质。不仅如此，走访调查发现，这些拥有幼儿园教师资格证的幼儿教师，很多在日常教学中也是以教幼儿认字、数数为主，这也造成了韶山市的幼儿园"小学化"倾向普遍。因此，要推广区域活动，扭转幼儿园"小学化"的错误方向，必须通过加强对幼儿教师的专业培训，建设一支理念科学、方法得当的幼儿教师队伍。

韶山市教育局分批派遣各幼儿园的园长和幼儿教师参加幼师国培项目，从 2012 年起，每年都有 10 多名幼儿教师或幼儿园园长去到南华大学、湖南第一师范学院、长沙师范学院参加专业的学前教育培训。同时，韶山市教育局每年派遣了 30 多名幼儿教师去湘潭市参加专业培训。从 2014 年起，韶山市教育局还委托市里的优秀幼儿园代表，如韶山市艺术幼儿园对全市幼师和保育员进行专业培训。截至 2015 年，韶山市幼儿教师参培率达到了 100%。

2014 年，韶山市艺术幼儿园将全市 100 多位幼儿教师和保育员统一集合起来，全年共开展了 9 次讲座。讲座内容涉及《3—6 岁儿童学习与发展指南》解读、《3—6 岁儿童学习与发展指南》背景下幼儿自主游戏活动的开展、室内外区域活动的开展等。不仅有集体式的讲座，还有实地观摩，室内外区域活动实际操作等实践培训环节，让参培的幼儿教师能够最大限度了解艺术幼儿园的幼儿的一日生活流程，形成对科学化幼教理念的认同感。

为了进一步提升教师的科研素养与专业能力，韶山市艺术幼儿园还开展了农村自然资源和废旧物品的利用的研究课题，日常也经常组织开展关于如何组织幼儿开展户外活动、如何让孩子在一日活动中快乐自主、如何组织幼儿竞猜活动等丰富多样的教研活动，将教研成果通过培训的形式向全市幼儿园进行推广，有效地促进了韶山市农村幼儿园的幼儿教师队伍专业素养的提升。[①]

三、长沙市岳麓区发展农村学前教育的经验

长沙市岳麓区从 2000 年起，就非常重视区域内的学前教育的发展，在大力发展公办幼儿园的战略布局上走在了湖南省的前列，是省内推进学前教育发展的优秀代表，学前三年毛入园率、公办幼儿园占比、幼儿园办园整体水平等多项数据都稳居全省前列。

2010 年以来，岳麓区把学前教育建设重点放在了促进学前教育的均衡发

---

① 王振亚，刘秋泉，江新军，等. 让幼儿教育回归本源：韶山市幼儿教育内涵发展纪实[J]. 湖南教育（上），2015（6）：10-15.

展上。岳麓区想实现的学前教育均衡发展并不是全区各区域和各类幼儿园均等发展，而是指在全区学前教育整体持续发展的前提下，城乡和公民办幼儿园之间的差距逐步缩小。岳麓区促进城乡学前教育均衡发展的经验可以总结为以下几点：

1. 大力拓展学前教育资源，促使城乡间学前教育资源差距逐步缩小

为进一步解决"入园难"的问题，岳麓区大力扩充学前教育资源，特别是下大力气拓展学前教育发展的薄弱部分——农村地区的学前教育资源。从2011年到2016年，五年间，岳麓区共新增幼儿园70所，增长率达到113%。2016年，岳麓区全区幼儿园数量达到了2011年的2倍多。其中城区幼儿园相较2011年，新增了28所，在园幼儿增加了4 924人；农村地区新增幼儿园42所，2016年岳麓区农村地区幼儿园数量达到了2011年的5倍，在园幼儿增加了9 106人。城区和农村学前教育资源总量的差距逐步缩小，农村学前教育资源显著增加，补上了之前学前教育发展中的短板。岳麓区学前三年毛入园率从2011年的约86.9%上升到了2016年的95%，基本实现了学前教育的全面普及。

2. 学前教育经费投入重点向农村及贫困地区倾斜，农村地区师幼比及办园条件明显改善

岳麓区学前教育经费投入逐年增加，2015年共投入资金3 792.72万元，学前生均公用经费标准也从2012年生均100元增加到2014年的120元。岳麓区还制定了《岳麓区低保家庭幼儿和孤儿免费入园》等扶贫资助的政策文件，对具有岳麓区户口的学龄前低保人员子女和孤儿实行免费入园，并给予贫困家庭的子女每学期500元的经费补助。

长期以来，农村地区幼儿园师资力量薄弱，2013年的统计数据显示，岳麓区农村地区幼儿园师幼比约为1∶26.32，这一数值相较于国家规定的1∶7的上限还有很大差距。2013年以来，岳麓区通过面向社会招聘和引进优秀幼儿教师等方式，不断扩大农村幼儿教师队伍，2016年，岳麓区农村幼儿教师总人数达到1 281人，相较2013年增加了1 136人，增幅巨大，农村幼儿园师幼比也达到了1∶8.01，农村地区师幼比与城区之间的差距明显缩小。

在大力扩充农村幼儿教师队伍的同时，岳麓区也在努力改善农村地区幼

儿园的办园条件。调查数据显示，岳麓区各区域生均园舍建筑面积和生均图书数量都在逐年增长，且农村地区和城市地区幼儿园的生均图书数量的差距也在逐年缩小，农村地区幼儿园的办园条件及设施设备不断改善。

2013年以来，岳麓区在促进学前教育城乡均衡发展方面虽然取得了不错的成绩，但是由于农村地区学前教育发展底子薄、任务重，岳麓区农村学前教育发展仍然面临不小的困难和挑战。

虽然农村地区幼儿园数量大幅增加，但是距离全覆盖仍有较大差距。近些年，岳麓区幼儿园数量大幅增加，"入园难"问题基本得到解决，学前三年毛入园率显著提升，但是学前教育资源总量的大幅增加并不能完全达到学前教育资源全面覆盖。调查数据显示，2015年，岳麓区已经实现了每个街道有1所公办中心幼儿园，每个乡镇有2~3所公办幼儿园，但是由于部分乡镇覆盖面积很大，且农村地区居民居住较为分散，2~3所公办幼儿园远远无法满足适龄幼儿的就近入园需求，特别是仍然很难保证那些远离乡镇中心地带的较边远村落的幼儿获得基本的、有质量的学前教育的机会。除此之外，农村地区学前教育师资队伍的结构问题也尚未解决，农村地区幼儿教师学历水平和专业化程度仍然偏低，较城市地区有较大差距，且男幼师数量极少，农村地区幼儿园师幼比还需进一步改善，等等。

为进一步缩小岳麓区城乡间学前教育发展差距，更好地促进岳麓区学前教育的整体发展，岳麓区教育局经过认真研究与讨论，计划从以下方面着手，持续改善农村学前教育发展状况，促进城乡学前教育均衡发展。

首先，科学预测农村学前教育需求发展情况，合理布点，满足农村地区适龄幼儿的入园需求。继续通过新建、扩建、改建、合并等方式新增农村公办幼儿园和村小附属幼儿园，进一步完善农村地区学前教育资源布局。针对地理位置较偏远、规模较小的村落，可以尝试联合附近多个村共同设置幼儿园，还可以根据实际情况设立寄宿制幼儿园，以解决农村地区适龄幼儿居住过于分散的难题。随着近些年城市化进程的加速，农村地区人口迁移趋势明显，教育行政部门应该科学分析和预测未来三年到五年岳麓区幼儿出生高峰情况和区域分布情况，针对入园需求和供需缺口进行科学预算，从而有针对性地调整全区的幼儿园布局情况，探索适合农村地区的多样化的学前教育办学模式，从而使得学前教育资源能够高效应用，尽最大能力满足农村地区适龄幼儿的入园需求。

其次，想办法增加农村地区学前教育岗位吸引力，继续加强农村地区学前教育师资队伍建设。加快出台岳麓区公办幼儿园编制标准，按照编制标准和核定办法核定编制，逐步配齐，继续做好面向社会公开招聘公办幼儿园教师的工作，持续扩充公办幼儿教师队伍，特别是农村地区公办幼儿园教师队伍，进一步改善农村幼儿园师幼比，同时也为即将新建的乡镇中心幼儿园和农村地区公办幼儿园提供人才储备。进一步提高幼儿教师工资待遇与福利保障，逐步落实针对农村地区和贫困地区幼儿教师的工资倾斜政策。提升农村地区幼儿园教师的岗位吸引力，有效加强和稳定农村学前教育师资队伍。继续完善各区域间、城乡之间幼儿园的帮扶制度，积极鼓励和支持优秀幼儿园教师向农村地区公办园、发展薄弱园流动，并为反向流动的幼儿教师建立工资待遇及职称评定的补偿制度。持续增加农村地区幼儿教师在职培训机会，通过各类专业培训，提升农村地区学前教育师资队伍专业素养和能力。

最后，继续加大对农村地区学前教育的投入力度，进一步完善学前教育资助制度。虽然近几年岳麓区学前教育事业发展迅速，也取得了不错的成绩，但由于学前教育发展的底子薄，后续仍要继续加大对学前教育的财政投入。新增教育经费也要向学前教育领域倾斜，在同级财政性教育经费中财政性学前教育经费要占合理的比例，要继续加大对农村地区尤其是农村贫困地区的学前教育的支持力度，设立农村学前教育发展专项经费，从而促进农村地区学前教育的快速发展，进一步缩小学前教育的城乡差距，促进岳麓区学前教育的均衡发展。①

四、益阳市安化县发展农村学前教育的经验

益阳市安化县作为国家武陵山集中连片扶贫开发工作重点县，由于经济落后，在很长一段时间内，教育资源极为匮乏，城乡教育发展差距很大。在县级财政并不充裕的背景下，其近些年来的学前教育发展成就却十分亮眼。2019 年，安化县共有公办幼儿园(含幼教点)159 所，约占全县幼儿园总数的

---

① 潘旺明，李鸿，李晓丽，等. 岳麓山下"上好园"：长沙市岳麓区学前教育均衡发展成果及反思[J]. 湖南教育(A 版)，2017(4)：56-58.

79.11%，公办幼儿园在园幼儿人数达到 15 774 人，约占全县在园幼儿总数的 68.93%，公办幼儿园和普惠性民办园数量达到 189 所，在全县幼儿园总数中占比达到 94.03%，公办幼儿园和普惠性民办园在园幼儿人数 20 294 人，在全县在园幼儿总数中占比达到 88.68%。2019 年就已经提前实现国务院发布的《中共中央 国务院关于学前教育深化改革规范发展的若干意见》中提出的到 2020 年普惠性学前教育资源覆盖率达到 80% 的普惠目标，以及公办园在园幼儿占比原则上达到 50% 的结构性目标。

安化县公办幼儿园占比、普惠性幼儿园占比、公办幼儿园在园幼儿占比这几个数据都已远超全国平均水平和湖南省平均水平，并且走在了湖南省发展的前列。安化县学前教育领域所发生的翻天覆地的变化可以追溯到 2004 年，是安化县县委、县政府 15 年来高度重视学前教育发展，并为之不懈努力的成果。从 2004 年安化县总共只有 10 多所上规模的合格幼儿园，到 2009 年安化县每个乡镇都建成 1 所公办中心幼儿园，再到 2019 年安化县公办幼儿园总数达到 159 所。安化县大力发展农村地区公办幼儿园、构建普惠性学前教育资源体系的经验和启示，主要可以总结为以下几个方面：

1. 充分利用义务教育阶段学校布局调整的闲置资源，大力发展学前教育

在 2004 年之前，安化县学前教育发展的底子十分薄弱，学前三年毛入园率不足 15%，当时的安化县作为国家级贫困县，县级财政在基本保障义务教育阶段及高中教育发展之后，实在没有余力支持学前教育的全面发展。安化县学前教育大发展的契机来自义务教育阶段的布局调整。2004 年，随着城市化的发展，大量农村人口进城务工，农村地区义务教育阶段适龄儿童逐年减少，因此，各地政府启动了农村地区中小学的布局调整。通过几轮撤点并校后，安化县中小学布局调整基本完成，调整后的中小学数量相较于 2000 年，减少了 570 所，随之而来的就是数量众多的原有村小校舍成为闲置资产，大量原来村小的教职工无处安排、面临失业。

当时的安化县县委、县政府在思考如何有效利用大量的闲置教育资源时，决定变危机为转机，将农村地区中小学布局调整而闲置下来的校舍、教师转化为全面发展安化县学前教育的重要依托资源。2004 年，安化县县委、

县政府出台了《关于加快幼儿教育改革与发展的意见》，意见明确提出："要大力发展学前教育，坚持以公办为主体，民办为补充，不断扩大学前教育规模，提高学前三年教育普及率。"安化县关于学前教育发展要"以公办为主体，民办为补充"的认识，在当时民办幼儿园占绝对主体的时代是非常具有远见的，也体现了安化县发展学前教育，政府要优先担负起发展的主体责任的担当。意见同时还提出了如"城乡中小学布局调整后的空置校舍，要优先用于举办公立幼儿园""对幼教的重点项目在立项上开辟'绿色通道'，实行'一站式'审批""在权限范围内对各项幼教建设规费收取实行优惠"等一系列具体执行举措，有力地推动了安化县学前教育的快速发展。从 2004 年到 2007 年，三年间，安化县学前教育发展成效十分显著，学前三年毛入园率从 2003 年的约 15%—跃升至 70.1%，远远超出了当时湖南省对省内国家级贫困县学前三年毛入园率达到 35% 的要求，使得安化县学前教育的发展水平快速走到了省内的前列。

2. 充分结合安化县实际情况，探索出一条农村学前教育特色发展之路

2010 年以后，随着《纲要》以及《国务院关于当前发展学前教育的若干意见》等多个文件的发布，全国学前教育的发展迎来了巨大的机遇。安化县作为革命老区、柘溪库区、武陵山集中连片扶贫开发工作重点县，再一次抓住了这一进一步发展学前教育事业的巨大机遇，安化县县委、县政府将学前教育与县域发展统筹安排，充分结合安化县的实际情况，谋划出了一条独具特色的、贫困落后地区发展优质学前教育的新路径。

安化县是湖南面积第三大的县，县域面积达到 4 950 平方千米，而安化县人口数量并不算多，属于典型的地广人稀。再加上安化县地处雪峰山脉北部，资水中游，是一个典型的山区，县域内约 82% 的面积为山地，人口分布极不均衡。例如安化县奎溪镇，面积约为 242 平方千米，全镇人口只有 4 万余人，与其面积相当的羊角塘镇，全镇人口总数却有 8 万人左右。安化县这一地广人稀、农村人口居住分散的实际情况，迫使安化县学前教育的发展，特别是农村地区学前教育的发展必须探索出一条适宜安化县实际情况的新路子：学前教育资源布局要广，学前教育办学点布点要多，但绝大多数农村幼儿园或办学点规模不宜很大。

据统计，安化全县已建成的小规模幼教点共有 77 个，在园幼儿人数最多的幼教点有大约 70 名幼儿，在园幼儿人数最少的幼教点只有 2 名幼儿，全县各幼教点在园幼儿人数平均约为 20 人。安化县马路镇岳溪幼儿园就是 1 个建在乡村公路边的幼教点，全园在园幼儿共计只有 17 人，涵盖大中小班。由于幼儿园规模非常小，因此岳溪幼儿园与岳溪村村民服务中心共用 1 个院落，一楼是属于幼儿园的园舍，二楼则归岳溪村村民服务中心使用，另外设了 1 个进出口，与幼儿园日常教学互不干扰。安化县奎溪镇，共有 6 个类似的小规模幼教点，在园幼儿人数最多的幼教点也只有 30 余名幼儿。

也正是由于安化县人口居住分散，再加上 3—6 岁幼儿年龄偏小，在幼儿园寄宿的可能性不大，考虑到农村幼儿的就近入园需求，1 所幼儿园或者幼教点最多只能覆盖周边临近的两三个村，如岳溪镇幼儿园的 17 名幼儿就是来自附近的 3 个村，覆盖居民达到 800 多户。根据安化县经济发展水平测算，除去初期的建园成本之外，幼儿园每年至少需要有 70 名左右的在园幼儿才能实现收支基本平衡，而安化县农村地区一定辐射范围内适龄入园幼儿人数不足，很难形成有规模的学前教育市场，因此社会资本投资办园的意愿非常低，发展农村学前教育的任务不得不落在政府的肩上，这也是安化县县委、县政府在县级财政十分紧张的情况下仍然决定大力发展农村公办幼儿园的客观现实。

3. 切实做到政府负责、分级管理、各有关部门分工负责，有效助力农村学前教育发展

2005—2020 年间，安化县都将学前教育发展列入了"十一五""十二五""十三五"县域经济和社会发展总体规划，明确由县委、县政府、县教育局、各乡镇、行政村共同承担学前教育发展的主体责任，将保障适龄幼儿在家门口就能"有园上、上好园"作为工作重点，在湖南省内率先构建起了覆盖城乡、普及普惠的学前教育公共服务体系。

安化县明确了政府负责、分级管理、各有关部门分工负责的学前教育管理机制：安化县县委、县政府在宏观层面对安化县学前教育整体发展进行规划布局，并做好针对学前教育领域的财政经费保障工作；安化县教育局负责安化县学前教育机构的合理布局，统筹县域内城乡学前教育的均衡发展；安

化县各乡镇中心学校负责管理各地的乡镇中心幼儿园，制订村级幼教点拓展计划。

作为 2018 年才实现脱贫摘帽的国家级贫困县，财政经费紧张一直是制约安化县学前教育发展的重要因素，为保障学前教育发展所需的经费，安化县政府通过向上积极争取学前教育专项资金，向下鼓励各乡镇、社会资金捐赠等方式，积极筹措学前教育发展经费。

2017—2020 年间，安化县本级财政共投入资金 3 200 余万元，先后新建、改扩建公办园 82 所，建立规模 2 个班以下的公办幼教点 77 个。安化县的乡镇公办园和片区公办园的建设经费，主要是依靠积极争取国家专项补助资金，在县本级层面，预先统筹将上级投入资金与本级支出资金捆绑拨付，按照园所规模每所园给予 100 万—200 万元的资金支持建设，不足部分由各乡镇中心学校通过社会捐赠等方式自筹解决。而规模较小的村级幼教点的建设则主要来自利用原有的闲置中小学校舍进行改建，举办幼教点，或是由村民委员会将村部、村民服务中心等建设资金或村委会闲置房舍用作幼教点。而幼教点改扩建所需要的经费来源也是多渠道的，既有来自争取的省级项目园资金，也有依靠各中心学校向社会争取的捐赠资金，再就是依靠乡镇、村委会筹集资金。通过积极调动各方力量，有效解决了安化县学前教育发展所需的资金问题。

早在 2011 年，安化县教育局就成立了幼教股，后更名为学前教育股，成为第一个在教育局设立专门的学前教育管理部门的县，幼教股的成立，使得安化县的学前教育实现了专人专管，体现了上级教育部门对学前教育的重视，也实现了学前教育的批管一体化、公办民办一体化、规模发展与内涵提质一体化管理。

从 2012 年起，安化县编办通过调剂事业单位编制，为公办幼儿园提供幼儿教师编制，逐年面向社会招考有编制幼儿教师，8 年来，累计招录有编制幼儿教师 125 人。从 2016 年起，为响应湖南省学前教育公费定向师范生政策，每年拿出 10 个公费定向师范生指标用于培养农村幼儿教师。

4. 构建以"乡镇中心园—乡镇片区园—村级幼教点"为结构的乡镇集团化办园新模式

安化县羊角塘镇，面积 247 平方千米，总人口有 7 万多人，属于安化县人口较为密集的大体量乡镇，辖区内共有 1 所乡镇中心园、1 所乡镇片区园、7 个村级幼教点，以及 5 所民办幼儿园。羊角塘镇为改善乡镇各学前教育机构的办园条件，提升整体办园质量，创新式地采用了由乡镇中心学校总负责的"八统一"的集团化运行管理模式，即同一个乡镇内所有公办幼儿园，包括村级幼教点，实行人事管理统一、管理制度统一、经费管理统一、工资标准统一、保教资源统一、师资研训统一、保教模式相对统一、作息时间基本统一。

"八统一"的集团化运行管理模式的优势在于统筹解决、高效利用。在经费使用上，按照"教育局分散安排，中心学校集中使用"的原则，将所下拨的全部教育经费归乡镇中心学校管理，由乡镇中心学校的校长将各个层级拨付到该乡镇的教育经费统筹规划，集中有限财力，分年度、按计划完成乡镇内各学校、各公办园的建设项目。比如乡镇中心园的建设项目，安化县教育局会事先按照幼儿园的建设规模，拨付 100 万—200 万元不等的建设资金，不足部分再由各乡镇中心学校通过调配内部经费、争取捐资助学等方式自筹解决。

在幼儿园人事管理上，由乡镇中心学校对全部学前教育师资进行归总后，由各乡镇内部制定轮岗支教政策，幼儿教师无论轮岗到哪个幼儿园或村级幼教点，其工资发放、人事管理等都集中在乡镇中心学校，有效解决了部分偏远村级幼教点没有教师愿意调入的难题。例如，首创"八统一"管理模式的羊角塘镇，截至 2019 年底，共有 34 名在职幼儿教师，其中 12 人在村级幼教点上支教，支教年限约为 2~3 年，正在支教的幼儿教师每月可享受 400 元轮岗支教补助，早晚没有班车接送的幼教点，还可以额外享受每学期 1 000 元的交通补贴。这一举措有效打消了农村幼儿教师在村级各幼教点和幼儿园间流动的顾虑，给予支教幼儿教师的补贴与补助，也在一定程度上提升了农村幼儿教师支教的积极性，对构建一支稳定的农村学前教育师资队伍成效显著。

除了公办幼儿园和幼教点统一管理,安化县还将各乡镇内的民办幼儿园也交由乡镇中心学校监管,各乡镇所有公办和民办幼儿园,统一确定开园和放假时间、统一收费标准、统一教育资源、统一购买保险,乡镇中心学校每学期至少3次定期检查办园情况。安化县教育局针对县域内所有公办幼儿园、村级幼教点和民办幼儿园统一开展专项督导,对其办园条件、保育教育情况、师资队伍建设情况、园务管理等办园行为做出综合评估,把学前教育专项督导评估与乡镇中心学校、幼儿园管理绩效评价有机结合起来。

　　这一系列举措使得安化县每一个乡镇都好比一个幼教集团,形成了全新的农村集团化办园新模式:由乡镇中心学校负责管理辖区内学前教育的建设、规划、布局;每个乡镇办好一所乡镇中心幼儿园,由乡镇中心幼儿园负责做好片区园、村级幼教点的业务指导、教师培训、人员调派等工作;在人口较多、地域较广的乡镇,增设乡镇片区园,与邻近村级幼教点组成相对独立的片区,由乡镇片区园在此片区内代行乡镇中心幼儿园的部分管理职能;在人口较少,但有入园需求的地区设立村级幼教点,从而实现公办、普惠性的学前教育公共资源能够辐射整个乡镇包括全部农村地区。

　　羊角塘镇最小的白杨村幼教点,在园幼儿只有16名,师资配置为一教一保,收费标准为1 080元一学期。因为幼儿人数太少,该村级幼教点所收保教费用,连维持日常运转都极其困难,更谈不上添置各项设施设备。其他村级幼教点虽然人数略多于白杨村幼教点,但同样难以依靠收取的保教费自给自足。好在在“八统一”的乡镇集团化办园模式下,各村级幼教点的所有设施设备都是参照乡镇中心园的标准配置,只有规模、数量区别,没有标准和质量区别。2012—2020年间,羊角塘镇已先后投入共2 000多万元资金,用于镇内所有公办幼儿园和村级幼教点的提质改建,大到食堂重建、运动场地硬化、围墙改建,小到购置空调、采购区域材料、床铺更新、装配户外大型组合滑梯等,全部是由乡镇中心学校统筹规划、协调资金解决的。

　　5. 多渠道、多举措构建一支稳定、优质的学前教育师资队伍

　　为了构建一支稳定的学前教育师资队伍,安化县教育行政部门多方努力,一是通过转岗,将现有中小学教师队伍中一批由幼师专业毕业的骨干教师充实到公办幼儿园的管理岗位,为后续学前教育师资培训、幼儿教师专业

成长奠定坚实的基础。二是通过招聘，面向社会招聘合格学前教育师资，积极吸纳在其他地方幼儿园任教的安化籍专业幼儿教师，让他们愿意回到家乡，为家乡的学前教育事业发展贡献力量。三是通过举荐，对于地处偏远的村级幼教点，假设师资招聘或调配困难，也可以由当地村委会推荐合适人选，经乡镇中心园审核后持证上岗。四是通过省内高校学前教育专业公费师范生项目培养专业素养过硬的优秀幼儿教师。这一系列举措卓有成效，截至2019年底，安化县学前教育师资队伍总人数达到2 138人，其中编制内幼儿教师326人，全县学前教育师资队伍在数量上得到基本保障。

安化县并不满足于只是构建一支数量稳定的学前教育师资队伍，幼儿教师队伍整体质量的提升也是安化县学前教育师资队伍建设工作的重点。安化县探索通过构建四级研训网络，加强对在职幼儿教师的培训，提升安化县学前教育师资队伍专业素养及能力。

2016年，安化县制定了全县幼儿教师研训体系，计划针对乡镇中心学校校长、副校长以及公办和民办幼儿园园长、副园长开展专业培训。2017年1月，安化县出台了《安化县学前教育区域研训活动实施方案》，总结了以往幼儿教师研训活动的优秀经验，在原有的研训网络构架上，创新构建了全新的"县教育局学前教育股—区域研训中心组—乡镇中心幼儿园—幼儿园"的四级研训网络。

安化县创建了"安化学前教育"微信群，利用微信群开展网络研训，安化县教育局学前教育股长每天都会在微信群发送最新的专业学习资料，与各幼儿园园长就学习资料开展实时讨论。

网络研训虽然具有快速、高效、易实施的优势，但由于网络研训的知识较为碎片化，和系统化培训的效果相去甚远。在此基础上，安化县又创建了每年一次的学前教育发展论坛，作为学前教育县级研训的重要组成部分。安化县第三届学前教育发展论坛于2019年12月在羊角塘镇中心幼儿园举办，县教育局领导，各乡镇中心学校校长、分管副校长，公办和民办幼儿园园长、副园长齐聚一堂，现场研讨安化县学前教育发展的形势。各乡镇中心学校校长互相交流集团化办园的经验体会，参会者普遍反映受益颇多。除内部交流外，外出学习也是安化县研训体系中的重要组成部分。2017年，安化县教育局主动与长沙师范学院对接，举办了"安化园长培训班"，包括民办幼儿园园长在内的近百名安化县各级各类幼儿园园长参与了培训。

《安化县学前教育区域研训活动实施方案》还将安化县23个乡镇划分为6个区域，每个区域确定1所领头的乡镇中心学校，并成立由该中心学校学前教育分管副校长为组长，其他成员单位分管副校长为副组长，区域内各幼儿园园长为成员的区域研训领导小组。由区域研训领导小组负责制订本区域研训方案和教研制度，确定研训主题，等等。例如，隶属于安化县第五研训区域的东坪镇羡江幼儿园，该园位于安化县城，是一所县级示范幼儿园。2019年5月，这里举办了主题为"用游戏点亮童年"的区域研训，160多位来自不同乡镇的幼儿园园长和幼儿教师参加了研训。研训期间，主办方通过研讨会、活动分享、班级观摩等多种形式，展示了如何引导幼儿在区域活动中"主动游戏"，进一步明确了区域活动中，幼儿教师应当是观察者，而不是主导者的教育理念，有效地改善了整个区域内幼儿教师指导幼儿开展区域活动的方法和策略。

在构建四级研训网络时，安化县充分考虑了农村幼儿教师参训的实际情况。因为安化县县域面积大，各乡镇村级幼教点的师资配备大多为一教一保，因此许多农村幼儿教师根本没时间外出参加培训。以烟溪镇为例，该镇距离安化县城车程接近3个小时，而烟溪镇内最远的村级幼教点，距离烟溪镇中心幼儿园车程约40分钟。村级幼教点因为幼儿人数少，基本上师资配置都是一教一保，幼儿教师如果外出参加培训，即便是到县城，由于路途遥远，都必须提前一天动身，这势必会影响到幼教点的日常教学。如果能就近在乡镇中心园参加培训，可以避免将大量的时间花费在路途上，参加培训的形式也可以更为灵活，从而保证培训的质量，更好地促进幼儿教师的专业成长。例如，奎溪镇下辖黄沙溪村幼教点的幼儿教师，在2019年下半年，两个月的时间内两次去到奎溪镇中心幼儿园学习，奎溪镇中心幼儿园的幼儿教师也每周都到村级幼教点送教。①

---

① 赖斯捷，谭理，唐炜逸，等. 十五年谋"三年"：安化县学前教育发展报告[J]. 湖南教育，2020（1）：4-11.

五、湘西自治州古丈县发展农村学前教育的经验

湘西自治州古丈县位于湖南省西部，武陵山脉斜贯全境，素有"九山半水半分田"之称，是典型的山区，经济发展落后，交通不便。2012 年，古丈县还有 4 个行政村、100 多个自然寨没通公路，约 70%的农村公路是泥石路。在如此艰苦的条件下，古丈县却探索出了一条贫困山区发展学前教育的成功之路。

古丈县依托中国发展研究基金会、北京中金公益基金会发起的"山村幼儿园计划"，摸索出了一条政府主导、企业资助、社会参与、地方支持的山村幼儿园办园模式。2016 年 5 月，湘西土家族苗族自治州人民政府提出，要在湘西自治州全州推广"古丈经验"，将山村幼儿园建设与湘西自治州教育改革发展以及教育脱贫战略相结合，计划用 3 年的时间，建设 400 余所山村幼儿园，基本实现湘西自治州全境山村幼儿园全覆盖。2019 年 9 月，湖南省"一村一园"项目管理经验交流现场会也在古丈县召开，山村幼儿园发展模式走出古丈，走出湘西，走向湖南。古丈县发展山村幼儿园的成功经验可以总结为以下几个方面：

1. 依托"山村幼儿园计划"，探索山区学前教育发展新路径

古丈县约有 20%的 3—6 岁适龄幼儿居住在山区，虽然古丈县每个乡镇都建立了一所乡镇中心幼儿园，但对于散落居住在大山中的幼儿来说，去路途遥远乡镇上的幼儿园上学是几乎不可能的。同时，古丈县财政十分紧张，有限的教育经费绝大多数投入到了义务教育，学前教育能获得的财政资金极为紧缺，在完成乡镇中心幼儿园的建设工作之后，实在没有余力大规模建设山区幼儿园。再加上古丈县地处偏远，学前教育师资缺口一直很大。这些因素都是一直以来制约古丈县山区学前教育发展的大难题。

古丈县发展山区学前教育的机遇来自 2012 年 9 月，中国发展研究基金会、北京中金公益基金会发起了"山村幼儿园计划"，在时任古丈县县长杨彦芳的极力促成下，该项目最终选择了古丈县作为试点县。

"山村幼儿园计划"项目启动后，2012—2017 年间，中国发展研究基金会

和北京中金公益基金会累计投入捐赠资金 1 500 多万元，用于"山村幼儿园计划"的幼儿教育志愿者的生活补贴、培训、奖励，山村幼儿园幼儿的营养改善，以及山村幼儿园的办园条件改善。古丈县县级财政也累计投入了配套资金 400 多万元，用于山村幼儿园的园舍维修、场地改造、玩教具添置等事项。

古丈县在深入调研了山区人口分布情况、现有学前教育资源情况及山区群众对学前教育的需求和期盼的基础上，确立了将现有农村小学和布局调整后的闲置校舍作为支撑平台，分散设立幼教点，从而保证山区幼儿就近入园的发展方案。山村幼儿园的园舍主要是通过充分利用小学的闲置校舍、村委会闲置的办公室，或租用民房等方式解决，虽然是利用现有资源，但是山村幼儿园的建设也有着严格的标准，要求简而不陋，杜绝危房，做到有教师、有教室、有厕所、有活动场所、有教学设备、有必需生活用品、有午餐，鼓励有条件的山村幼儿园配备午睡设施。

"山村幼儿园计划"的实施，显著改善了古丈县山区的学前教育资源。2012 年，计划实施第一年，古丈县就办起了 40 所山村幼儿园，截至 2016 年，古丈县山村幼儿园已发展到了 70 所，除高峰镇以外，涵盖了全县 6 个镇 58 个村，覆盖了全县约 80% 的边远山村，在园幼儿人数达到 700 多人，幼教志愿者 70 人，全县农村学前三年毛入园率由 2012 年的约 44.1% 上升到了 2016 年的 85% 左右。

2017 年基金会项目到期之后，"山村幼儿园计划"并没有终止，古丈县政府决定继续投入，县级财政每年预算 200 万元，确保项目持续稳定实施。同时还将山村幼儿教育志愿者的生活补贴从原来的每月 1 200 元提高到每月 2 000 元，并逐步提升山村幼儿教育志愿者的考核奖励额度。

此外，古丈县还积极争取社会力量帮扶"山村幼儿园计划"，通过"1+1"结对帮扶爱心助学活动，募集了诸多爱心企业和社会组织的捐赠资金 300 多万元，进一步补充了"山村幼儿园计划"项目资金。

从 2012 年至 2020 年，8 年以来，古丈县共有 3 000 多名山区幼儿在家门口就近入园，享受到了免费的学前教育，解决了最难的山区幼儿入园的问题，也使得古丈县的学前三年毛入园率从 2012 年的约 44.1% 跃升到了 2020

年的约91.75%。古丈县依托"山村幼儿园计划",成功探索出了一条有多方力量共同参与的山区学前教育发展新思路。

2. 借助乡镇中心校这一管理主体,规范山村幼儿园的日常管理,提升山村幼儿园的保教质量

为进一步确保山村幼儿园的办园质量,古丈县实行了由地方政府、教育行政部门、乡镇中心校、基金会组成的四级管理体制,通过落实每一层级的管理任务和责任,形成了一套上下互动、平行联动、纵横交错、共同落实的山村幼儿园管理体系,有效地规范了山村幼儿园的日常管理。

古丈县教育行政部门成立了"山村幼儿园计划"项目办公室和督查考核组,全面负责该项目的实施和日常管理工作,制定了山村幼儿园考核评价方案、幼儿教育志愿者管理办法、幼儿教育志愿者工作考核制度、幼儿教育志愿者培训方案、"山村幼儿园计划"项目经费管理制度、山村幼儿园一日常规等系列管理规范。

而各乡镇中心校则是山村幼儿园日常管理和业务指导的责任主体,乡镇中心校会按照乡镇中心幼儿园的标准来管理山村幼儿园,并由乡镇中心幼儿园委派一名副园长负责辖区内山村幼儿园的管理指导工作。

由于来山村幼儿园任教的幼儿教育志愿者很多并没有学前教育专业背景,因此为了避免山村幼儿园出现"小学化"倾向,乡镇中心校会委派乡镇中心幼儿园的幼儿教师去到各山村幼儿园开展业务指导和日常工作检查。针对古丈县山村幼儿园的特点,指导幼儿教育志愿者将游戏作为幼儿园的主要活动形式,结合农村特色,突出农耕文化,开发具有农村气息的活动,还可以结合苗族、土家族等民族特色,组织幼儿开展学苗歌、打苗鼓、学跳土家族摆手舞等传承优秀民族文化的活动。

3. 加强对幼儿教育志愿者的专业培训,确保志愿者成为合格的幼儿教师

幼儿教育志愿者是山村幼儿园的主要师资来源,这些志愿者大多都是在本村招募,采取"定向到村,公开招募"的方式,由每个村选拔文化层次较高、有爱心的志愿者到山村幼儿园任教。政府每月给予每名幼儿教育志愿者

一定的生活补贴和交通补贴。2012—2020年，先后共有近百名志愿者参与到"山村幼儿园计划"中来。

招募志愿者时，虽然古丈县严把入口关，设置了最低学历要求，并安排了笔试、面试、品行考察等环节来筛选合格的师资，但是由于专业学前教育师资紧缺，前来应聘的志愿者很多并不具备学前教育专业背景。截至2016年，全县70名山村幼儿园的幼教志愿者中，大专及以上学历有21人，高中(中专)以上学历49人，初中以上学历8人，读过幼教专业的有25人，有过幼教工作经验的有8人。为了确保志愿者能够成为合格的幼儿教师，古丈县每年都会组织山村幼儿园志愿者参加集中的专业培训。从2012—2020年，古丈县共开展了针对幼儿教育志愿者的各类专业培训15次，培训志愿者达1 000余人次，通过培训有效培养了幼儿教育志愿者的教育观念、教学理念、师德素养，增强了他们的业务能力和管理水平。

例如，先锋村山村幼儿园的志愿者向荷花是中专毕业生，2012年开始担任幼儿教育志愿者。刚入选时，她并不懂幼儿教育的相关知识，仅仅经过岗前集中培训就上岗了，但是担任志愿者的8年时间里，她每年都积极参加各类专业培训，还多次去到常德和吉首的幼儿园参观学习，现在她的专业素养和能力都有了极大的提升。

默戎镇毛坪山村幼儿园志愿者石承香是这些坚守在大山中的幼儿教育志愿者的优秀代表。石承香出生在默戎镇翁草村，2003年从怀化学院学前教育专业毕业，在古丈县城一所民办幼儿园担任幼儿教师。2012年，"山村幼儿园计划"启动后，她毅然放弃了古丈县城的工作，选择回到家乡翁草村当一名山村幼儿园志愿者。由于已经在县城结婚生子，石承香每天早晨都要带着儿子从县城坐公交车到毛坪村，再走一个小时山路到达翁草村幼教点。翁草村山村幼儿园条件简陋，只有石承香一名志愿者，她身兼数职，幼儿园的所有活都由她一个人干，寒暑假还会到处去为幼儿募集玩具、图书，还多次去到省会长沙为幼儿联系免费午餐事宜，全部身心都扑到了翁草村山村幼儿园的建设上。

当翁草村幼教点条件大幅改善后，2015年，她又申请去到了邻近的苗寨——毛坪村山村幼儿园继续担任幼儿教育志愿者。为了建设好毛坪村山村幼儿园，石承香积极为幼教点募集资金和资源。2016 年春天，她曾带领附近几个村的幼儿教育志愿者一起去到深圳龙岗进行爱心募捐活动，仅这一次，就募集到 7 万元爱心资金，使得当地山村幼儿园的办园条件和设施设备得到极大改善。

古丈县的"山村幼儿园计划"也得到了山区群众的大力拥护，山村幼儿园的出现既帮助山区群众减免了学前教育方面的支出，同时还帮助他们解放了劳动力，孩子有幼儿园可上了，家长也可以放心出门干农活了，有效增加了家庭收入，助力了当地的经济发展。古丈县探出的这条政府财政投入少、山村幼儿园办学效果好、山区群众受益颇多的山区学前教育发展之路，受到了各方的好评，为湖南省乃至全国的山区学前教育发展提供了有益的借鉴。①

---

① 阳锡叶，刘芳，向欢庆，等. "山村幼儿园计划"调查[J]. 湖南教育（A 版），2020（8）：4-10.

第四章

进一步推进湖南省农村
学前教育发展的思考

新中国成立以来，在党和政府的高度重视和引领下，湖南省农村学前教育事业快速发展，成就斐然，实现了学前教育的基本普及和普惠，保教质量不断提高，师资队伍不断扩张。湖南省在推进学前教育普及普惠、安全优质发展的过程中，积累了大量的经验，为今后进一步推进湖南省农村学前教育的发展提供了有益的参考和借鉴。

第一节　当前湖南省农村学前教育发展存在的问题

一、湖南省农村学前教育规模持续收缩

国家统计局人口数据显示，我国出生人口数量在 2016 年达到 1 786 万人的阶段顶峰后开始逐年下降，且下降速度非常快，仅 6 年后的 2022 年，我国出生人口数量跌破 1 000 万关口。随着出生人口数量的显著减少，幼儿园适龄入园人数的大幅减少已不可避免，自 2021 年起，全国在园幼儿人数已经连续 3 年下降，且降幅巨大，2023 年，全国在园幼儿人数为 4 093 万人，相较前一年减少 534.5 万人。

湖南省在园幼儿人数下降的形势则更为严峻，教育部统计数据显示，2021 年、2022 年湖南省在园幼儿人数下降幅度均高于全国平均水平。2021

年，全国在园幼儿人数为 4 805.2 万人，相较于 2020 年的 4 818.26 万人，减少了 13.06 万人，降幅约为 0.27%；而湖南省 2021 年在园幼儿人数为 229.39 万人，相较于 2020 年的 231.39 万人，减少了约 2 万人，降幅达到 0.87%，是全国平均水平的 3 倍多。2021 年湖南省减少的在园幼儿人数占到全国减少的总人数的约 15%。2022 年，全国在园幼儿人数为 4 627.55 万人，比 2021 年减少 177.65 万人，下降幅度约为 3.7%；而湖南省 2022 年在园幼儿人数为 216 万人，比 2021 年减少 13.39 万人，降幅约为 5.84%，仍然超过了全国平均水平。①

从这一系列数据中可以明显看出湖南省学前教育发展所面临的严峻形势，而湖南省农村地区由于城镇化进程的加快，农村人口外流严重，因此，相较于城镇地区，农村适龄幼儿的减少幅度会更为明显。湖南省农村地区在园幼儿人数在 2015 年达到阶段顶峰后，自 2016 年开始逐年减少；镇区在园幼儿人数则是在 2017 年达到阶段顶峰，自 2018 年开始下降；而同期城市地区在园幼儿人数仍在不断增加，这一增长趋势直到 2022 年才开始放缓。2021 年，湖南省农村地区在园幼儿人数为 40.84 万人，相较于 2020 年的 44.64 万人，减少了 3.8 万人，降幅约为 8.5%，同期镇区的降幅约为 2.11%，而城市地区仍在增长，增幅约为 4.86%。2022 年，湖南省农村地区在园幼儿人数为 34.1 万人，相较于 2021 年的 40.84 万人，减少了 6.74 万人，降幅高达 16.5%，同期镇区的降幅约为 6.75%，而城市地区在园幼儿人数仍在增加，但增幅明显放缓，增幅从上一年的约 4.86% 下降到约 0.27%。由此可知，农村地区在园幼儿人数的降速是最为明显和突出的，农村地区适龄入园幼儿人数的持续下降，使得农村地区学前教育规模必将随之大幅收缩，同时也会进一步拉大农村地区与城镇地区的学前教育规模的差距。

与农村在园幼儿人数下降趋势相一致的是农村幼儿园数量的持续减少。2010 年之前，湖南省农村地区的学前教育规模一直是大于镇区和城市的，2010 年，湖南省共有幼儿园 7 829 所，其中农村地区 3 179 所、镇区 2 777 所、城市 1 873 所；湖南省在园幼儿人数共有 141.9 万人，其中农村地区 58.77 万人、镇区 55.24 万人、城市 27.89 万人。自 2010 年开始，随着城镇化进程的

---

① 数据来源于教育部网站教育统计数据。

加快，镇区和城市的幼儿园数量和在园幼儿人数逐年大幅攀升，而农村地区幼儿园数量和在园幼儿人数虽也有小幅上涨，但这一增长趋势只持续到 2015 年。自 2016 年开始，湖南省农村幼儿园数量和在园幼儿人数开始显著减少，农村地区与镇区和城市的学前教育规模差距越来越大。2022 年，湖南省共有幼儿园 15 998 所，其中农村地区 3 912 所、镇区 6 728 所、城市 5 358 所；湖南省在园幼儿人数共有 215.99 万人，其中农村地区 34.1 万人、镇区 95.22 万人、城市 86.67 万人。农村地区学前教育规模已明显小于镇区和城市地区，且这一收缩趋势的进一步加剧，导致了湖南省农村地区与城镇地区的学前教育规模差距越来越大，部分地区已经出现了城镇拥挤、农村闲置的现象。

二、农村地区幼儿园的保教行为有待规范和提升

2010 年以来，国家提出重点发展农村学前教育，加大对农村学前教育的投入力度，大力建设农村公办幼儿园。三期学前教育行动计划实施以来，湖南省农村地区学前教育发展成果丰硕，农村地区公办幼儿园和普惠性民办幼儿园数量大幅增加，已基本建成公益普惠的学前教育公共服务体系，农村地区幼儿园的办园条件大幅改善，无证办园问题得到较好的解决，农村幼儿园的保教质量也有所提升。但是农村幼儿园的保教行为仍然有待进一步规范，"小学化"倾向仍然没有彻底解决。

幼儿园"小学化"不仅仅是一个现实问题，而且还是一个历史问题。新中国成立以来，我国政府对幼儿园教育"小学化"现象先后经历了坚定反对阶段、大力提倡阶段、重新禁止阶段以及深化严禁阶段。[1] 2011 年，教育部发布《教育部关于规范幼儿园保育教育工作防止和纠正"小学化"现象的通知》，此后，湖南省也相继出台了多个政策文件治理"小学化"现象。

长久以来，相较于城市幼儿园，农村幼儿园教学"小学化"现象更为突出，究其原因是多方面的。农村地区家长教育观念相对落后和传统，对幼儿的身心发展规律缺乏认识，对超前教育及"小学化"教学需求强烈，许多家长认为花钱送孩子去幼儿园玩不如多学点知识。虽然近年来，国家教育部门和湖南省教育厅都出台了防止和纠正"小学化"现象的政策文件，开展了集中整

---

① 吴媛媛. 建国后幼儿园"小学化"的历史考察[J]. 上海教育科研，2012(11)：88-91.

治活动，但是许多农村幼儿园，特别是农村地区的民办园迫于招生的压力，选择用"小学化"教学来获取幼儿家长的青睐。加之农村幼儿教师队伍专业化水平不高，缺乏科学的幼儿教育理念和幼儿教育方法，以及农村幼儿园设施设备简陋、玩教具配备不足等多方面的因素，使得农村地区幼儿园的保教行为有待规范和提升。例如，在湖南省衡东县，近几年，虽然上级教育部门一直在治理"小学化"，但治理效果并不理想。除部分公办幼儿园不教授拼音、汉字等小学知识外，大部分民办幼儿园为了生源，不得不迎合家长的需要，在幼儿园开设拼音、识字、珠心算等课程，教师的教学形式以集体教学为主，没能落实以游戏为基本活动形式的要求。且调查发现，许多幼儿家长还希望幼儿教师能给幼儿布置书面作业，还有部分在公办幼儿园就读小、中班的幼儿，升至大班时就会转到民办幼儿园去学习拼音和汉字，还有的幼儿家长寒暑假偷偷地给幼儿上幼小衔接班，等等。① 虽然教育行政部门一方面严令禁止小学搞招生入学考试，另一方面严管幼儿园"小学化"，但是长期以来收效并不明显。现实情况是，虽然湖南省教育行政部门提出要依托乡镇中心幼儿园、示范园、优质园构建城乡帮扶模式，缩小城乡学前教育发展差距，但是调查发现，部分地区乡镇中心幼儿园的保教模式并没有得到农村幼儿家长的认可，因此其对农村幼儿园的引导示范的效果很有限，需要进一步探索研究能真正有效纠正农村幼儿园"小学化"现象的政策与举措。

三、农村地区师资队伍稳定性和专业性仍需加强

近年来，湖南省各级政府非常重视农村地区学前教育师资队伍建设，农村地区幼儿园教职工人数从 2011 年的 2.1 万人增长到 2020 年的 3.9 万人，增幅达到 85.71%。最近两年由于农村幼儿园数量的减少，农村幼儿教师数量的大幅增加，有效缓解了农村地区学前教育师资数量不足的问题，改善了农村地区幼儿园师幼比不合理的状况。但是，农村公办幼儿园在编幼儿教师比例很低，公办幼儿园非在编教师在内的大量农村幼儿教师的工资待遇仍然较低，农村工作环境艰苦单调，等等，都使得农村幼儿教师的职业缺乏吸引力，难以吸引专业师资来农村幼儿园任教。随着城市化进程的加快，农村人

---

① 肖玲. 衡东县幼儿园去"小学化"教育政策执行研究[D]. 长沙：中南大学，2023：2.

口大量流入城镇地区，同时由于城乡教育资源和质量的不均衡，越来越多的家长倾向把孩子送到教学质量更好的城镇地区幼儿园，这就使得镇区幼儿园数量增长迅速。2010 年到 2022 年间，镇区幼儿园数量从 2 777 所增加到 6 728 所，增幅达到 142.28%。县镇学前教育规模的快速增长，使得农村幼儿教师大量往县城流动，愿意留在农村的专业幼儿教师越来越少。虽然近年来教育部门通过公费师范生政策面向农村地区培养了一大批专业化水平较高的幼儿教师，但是相较于流失的农村幼儿教师的数量来说，还存在较大差距。

2010 年以来，虽然农村地区学前教育师资队伍的学历水平有所提升，但相较于城市地区，农村学前教育师资队伍的学历水平仍然较低，且农村地区存在大批非幼儿教育背景的、没有经过学前教育系统培养和培训的幼儿教师，这类幼儿教师普遍缺乏系统的幼儿教育相关的专业知识和能力，专业素养不高。因此，现有农村学前教育师资队伍的专业性的提升主要依靠面向农村在职幼儿教师的各类培训，包括幼师"国培""省培""县培"项目，以及各类中短期专业培训，这其中既有外出培训，也有上门送教等形式。但是由于农村地区幼儿园往往培训经费较为紧张，农村幼儿教师参与专业培训的机会并不多，且许多培训项目并没有真正结合农村幼儿园的保教实际，培训内容单一，使得农村幼儿教师很难将培训内容运用到实际日常保教工作之中，培训效果有限，从而影响了农村学前教育师资队伍专业化水平的有效提升。

第二节　推进湖南省农村学前教育发展的建议

针对当前湖南省农村学前教育发展存在的问题，结合湖南省农村学前教育事业发展面临的新形势和新变化，笔者为湖南省农村学前教育的下一步发展提出以下的意见和建议。

一、做好入园需求测算，科学布局学前教育资源

针对连续两年在园幼儿人数降幅超过全国平均水平这一严峻形势，湖南

省也迅速采取了应对措施。2022 年 11 月，湖南省教育厅等九部门在印发的《湖南省学前教育发展提升行动计划（2022—2025 年）》中就已明确要求要根据人口减少的趋势，做好幼儿园需求测算，科学布局学前教育资源。计划指出，各地政府要"综合考虑出生人口减少、乡村振兴和城镇化发展趋势，逐年做好入园需求测算，科学编制幼儿园布局专项规划，原则上每三年调整一次"；要"完善普惠性幼儿园布局，确保城乡普惠性学前教育资源全覆盖，避免出现'城镇拥挤、乡村闲置'现象"；"要以乡镇公办中心园为龙头，依托乡镇中心幼儿园举办分园、联合办园等方式，全面推进乡镇集团化办园，实现幼教点、片区园与中心园的融合发展"。

2023 年，湖南省在全国率先提出要在全省范围内有序组织幼儿园设并转撤，2023 年 11 月 29 日，湖南省教育厅印发《湖南省教育厅关于应对学龄人口变化调整优化中小学幼儿园布局的通知》，这一文件明确提出，农村地区原则上不再新增幼儿园，办好乡镇公办中心园，依托乡镇公办中心园对村幼儿园（点）实行一体化管理。这一文件的发布，点明了未来湖南省农村学前教育发展的严峻形势。突然急转直下的人口形势，使得原有针对农村学前教育的展的布局规划势必要重新调整。文件中提道："在城镇新增人口集中地区新建、改扩建一批公办幼儿园，城镇新建住宅小区配建幼儿园应办成公办园，农村地区原则上不再新增幼儿园。"这一条意见是湖南省教育厅结合出生人口减少、乡村振兴和城镇化发展的综合变化趋势做出的决策，要优化学前教育资源布局，在城镇新增人口地区新建幼儿园，且要新建成公办幼儿园，人口减少的农村地区原则上不再新增幼儿园。

既然已经提出农村地区原则上不再新增幼儿园，那未来湖南省农村学前教育发展的方向在哪儿呢？未来随着农村人口的持续减少，农村适龄入园幼儿的人数也会随之减少，农村学前教育规模必然会不断缩小，如何变危机为转机是当下应该认真思考的问题。

在我国城镇化快速发展的过程中，关于农村教育的发展定位，学者间是存在不同意见的。有人认为，在快速城镇化进程中，农村适龄入学人口减少是不争的事实，在此情况下还优先发展农村教育，只会带来教育资源的浪费。但也有学者认为，优先发展农村教育对于落实国家乡村振兴战略、对于就近与方便提供教育公共服务具有重要意义。① 相较于其他教育阶段而言，学前教育阶段对于就近入学的需求更为强烈，3—6 岁的幼儿年龄较小，离不开家长的陪伴和照顾，寄宿制幼儿园并不适应该年龄段的幼儿。因此，优先发展农村学前教育是十分必要的，且发展的关键在于补齐农村学前教育的短板，促进城乡学前教育的均衡发展。

长期以来，农村幼儿园面临着经费短缺、办园条件简陋、师资数量不足、教师专业化水平低、保教质量低下等一系列问题。现在，农村学前教育规模不断缩小，但是各地仍要确保农村地区学前教育经费的稳定投入，建设符合农村特点的小规模幼儿园或幼教点，确保农村地区普惠性学前教育资源的全面覆盖，还要继续改善农村幼儿园、幼教点的办学条件，丰富设施设备、玩教具材料，提高农村幼儿教师待遇保障，吸引更多优秀学前教育专业师资到农村幼儿园任教。同时要在教育行政部门的引导下加强学前教育共同体建设，在农村地区全面推进集团化办园，构建城乡帮扶模式，积极帮助农村幼儿园提升在职幼儿教师的专业化水平，通过送教入园、联合教研、跟岗学习等多种形式有效提升农村幼儿园的保教质量，缩小城乡学前教育发展差距，促进县域学前教育协同、均衡发展。省内各地要避免出现学前教育资源"城镇拥挤、乡村闲置"的问题，就不能将学前教育资源简单分割成城乡两个区域，除了顺应人口变化的趋势，扩大城镇学前教育资源规模之外，还需要同时优化农村学前教育，从而使城镇生源能够回流到农村，进而疏解城镇学前教育压力。相信未来随着农村地区教育资源的进一步优化，教育质量的进一步提高，农村幼儿园流失的生源也能逐步回归。解决了生源流失这一制约农村学前教育现代化发展的重要因素，才能真正迎来农村学前教育的大发展。

二、规范农村幼儿园保教行为，推进幼儿园和小学科学衔接

2010 年以来，湖南省学前教育发展取得了骄人的成绩，湖南省农村学前教育的面貌焕然一新，农村地区"幼有所育"的问题已基本解决，但现在幼儿家长已经不再满足于"有园上"的基本需求，而是希望能"上好园"。因此，未

---

① 褚宏启. 以城乡一体化思维推进城乡义务教育整体发展[J]. 人民教育，2023(12)：27-30.

来农村地区学前教育的发展新方向必然是农村学前教育高质量发展，工作重点应该聚焦于提升农村地区学前教育保教水平。

2010年发布的《纲要》中明确提出要重点发展农村学前教育，经过十多年的努力，湖南省农村地区的学前教育硬件条件有了明显的改善，许多地区的乡镇中心幼儿园不管是园舍条件、设施设备、玩教具材料配备都不比城市幼儿园差，但是城乡教育差距仍然存在，其中最主要的差异在于幼儿园的保教水平，而当前制约农村地区幼儿园保教水平提升的最主要问题就是幼儿园"小学化"现象。

2014年，湖南省教育厅也发布了《关于切实纠正学前教育"小学化"现象提高幼儿园保教工作质量的通知》，要求省内各地幼儿园要坚决抵制市场利益的影响和片面迎合家长的要求，坚决抵制和纠正"小学化"教育内容与方式。2018年又发布了《关于开展幼儿园"小学化"专项治理工作的通知》，要求通过自查摸排、全面整改和专项督查，促进幼儿园树立科学保教观念，落实以游戏为基本活动的理念，坚决纠正"小学化"倾向，切实提高幼儿园科学保教水平，促进幼儿身心健康发展。2022年发布的《湖南省学前教育发展提升行动计划（2022—2025年）》强调，要通过落实幼儿园科学保教、推进幼儿园与小学科学衔接、推动学前教育教研改革等三方面的举措来提高湖南省幼儿园的保教质量。

2021年3月，教育部发布的《教育部关于大力推进幼儿园与小学科学衔接的指导意见》，首次提出了幼儿园与小学的"双向衔接"，从防止和纠正"小学化"现象到推进幼儿园与小学科学衔接，这一表述方式的变化，反映了国家对解决违反幼儿身心发展规律，有损幼儿身心健康的幼儿园"小学化"现象治理的决心和力度，更揭示了幼儿园"小学化"现象的根源。尽管学前教育阶段一直强调并贯彻以幼儿身心健康为本的科学教育理念，坚决防止和纠正幼儿园"小学化"现象，但教育内卷所带来的学习压力仍然不可避免地传导到幼儿园。相较于城市地区，农村地区"小学化"现象更为突出，我们可以看到的是，越来越多的家长将孩子送去培训机构提前学习小学一年级的知识，甚至某些家长还会将在农村公办幼儿园上大班的孩子直接转学到提前教授小学教育内容的民办幼儿园或者校外机构。因此，要有效解决农村地区幼儿园"小学化"的痼疾，必须大力推进幼儿园和小学科学衔接，我们要改变原有的是幼儿园向小学靠拢，还是小学向幼儿园靠拢的思考逻辑，转而要重视加强幼儿园和小学两个阶段的教育的连续性。当然，规范农村幼儿园保教行为，推进幼儿园和小学科学衔接，除了加强对农村幼儿园日常保教工作的科学指导和有效监管，同时还需要下大力气建设一支具备科学教育理念的、专业的农村学前教育师资队伍。

另外，笔者想指出的是，部分学者认为农村学前教育是薄弱、落后的，农村保教水平相较于城市地区是低下的，因此农村幼儿园向城市幼儿园学习，就是要照搬城市幼儿园的办园标准和保教模式，这一认识是片面的，按照城市学前教育的模式兴办农村学前教育，这是城市中心主义的思维模式。真正的城乡学前教育一体化不是农村学前教育城市化，不是追求按城市幼儿园的模子建设农村幼儿园，不是要让农村幼儿园和城市幼儿园方方面面都一个样。虽然在发展水平上，农村地区学前教育整体落后于城市地区，但不能因此忽视和否定农村本身的特色与优势，农村幼儿园拥有丰富的乡土教育资源，相较于城市狭小的活动空间，农村幼儿活动的天地更为广大，同时，相较于规模较大的城市幼儿园，农村幼儿园普遍规模较小，也更容易实现小班化教学优势。因此，我们在探索适宜湖南省农村地区幼儿园的保教模式时，应该在借鉴城市地区优秀经验的基础上，充分挖掘所在农村的特色资源与优势条件，因地制宜，在提升农村幼儿园保教质量的同时，探索出真正适宜农村幼儿园的、科学的、独具特色的保教模式。

三、进一步提升农村学前教育师资队伍质量

2022 年 12 月，湖南省教育厅等九部门印发了《湖南省学前教育发展提升行动计划（2022—2025 年）》，其中明确指出要通过保障幼儿园教师配备、保障幼儿园教职工工资待遇、提高幼儿园师资培养培训质量等举措进一步加强湖南省学前教育师资队伍建设。湖南省农村地区的学前教育师资队伍建设的难度远大于城市地区，如何有效解决农村幼儿教师数量相对不足和农村幼儿教师专业化水平相对低下的问题，是当前湖南省农村学前教育师资队伍建设工作的重中之重。

行动计划指出，各地要充分挖潜创新，统筹利用现有事业编制资源，着

力加强公办幼儿园编制、人员配备并提高使用效率，结合当地公办幼儿园实际，多渠道配备公办幼儿园教师，严禁"有编不补"、长期使用代课教师。但是当前农村地区在编幼儿教师的比例极低，除公费师范生项目之外，农村地区幼儿园新增编制的机会极少。再加之农村人口大量外流，农村学前教育规模进一步缩小，在现有的编制体系下，部分地区的教育部门反而在进一步收缩农村地区公办幼儿园编制，这使得农村学前教育师资队伍稳定性问题迟迟难以解决。

要留住农村幼儿教师，特别是优秀的农村幼儿教师，各地政府必须要继续加大公共财政对农村学前教育师资队伍建设的倾斜力度，落实农村公办幼儿园教师工资待遇保障政策，切实提高农村公办幼儿园在编教师占比，统筹工资收入政策、经费支出渠道，确保农村幼儿教师工资及时足额发放。在编制问题没有解决之前，省内各地可以依据有关规定和当地财政实际情况，通过增加财政拨款、专项补助等方式，保障公办幼儿园非在编教职工工资待遇，也要逐步做到农村公办幼儿园在编与非在编幼儿教师同工同酬，尽量减少编制对其收入的影响。有条件的地方还可以为农村幼儿教师设立专门的乡村工作补贴，建立面向农村幼儿教师的工资倾斜政策，通过提高农村幼儿教师的福利待遇水平，留住现有的优秀的农村幼儿教师。此外，各地要督促农村各级各类幼儿园依法为全体教职工缴纳社保，畅通缴费渠道，依法依规足额足项为教职工缴纳社会保险和住房公积金，通过切实提高农村幼儿教师的福利待遇水平，提升农村幼儿教师的职业吸引力，吸引更多优秀的学前教育专业人才来农村幼儿园任教，从而保证农村学前教育师资队伍的稳定性。

除了提升农村学前教育师资队伍的稳定性，还要努力提高农村学前教育师资培养培训质量。长期以来，湖南省农村地区特别缺少专业化程度高的农村幼儿教师，因此要继续推进农村公费定向培养专科及以上层次学前教育教师，要精准对接省内各地教师需求，尽全力满足农村和欠发达地区对幼儿园教师的需求，从而源源不断地为湖南省农村地区输送专业化水平较高的学前教育师资。此外，也要不断深化省内各高校学前教育专业改革，进一步完善学前教育专业人才培养方案，强化教育专业基础，结合《幼儿园保育教育质量评估指南》对学前教育师资提出的新要求，注重培养学生观察了解幼儿、支持幼儿发展的实践能力。

各地还要努力提升针对农村幼儿教师的在职培训的质量和要求，省内各县市区要制订幼儿园园长、幼儿教师和学前教育教研员的培训规划。针对农村幼儿教师专业化水平较低的问题，各地在制订培训规划时，要重点加大对农村幼儿教师队伍的培训力度，构建多元化的农村幼儿教师在职培训模式。对农村幼儿教师实施全员培训，突出实践导向，切实提高培训实效，鼓励支持学历较低的农村幼儿教师在职提升学历，多举措提升湖南省农村地区幼儿园教师队伍整体素养和专业化水平。此外，还可以探索依靠省内高校、教科研机构和优质幼儿园等资源，通过在线网络教育的形式提供专门针对农村幼儿教师的培训课程，省内各区县可结合当地农村学前教育发展水平和突出问题开展专项培训，通过脱产学习、送教下乡、跟岗培养、巡回交流等方式，结对帮扶农村地区幼儿园，为农村学前教师专业发展提供支持。

参考文献

[1] 中国学前教育研究会. 百年中国幼教[M]. 北京：教育科学出版社，2003.

[2] 唐淑. 学前教育史[M]. 北京：人民教育出版社，2009.

[3] 喻本伐. 中国幼儿教育史[M]. 郑州：大象出版社，2000.

[4] 庞丽娟. 中国教育改革30年：学前教育卷[M]. 北京：北京师范大学出版社，2009.

[5] 朱永新. 中国教育改革大系·学前教育卷[M]. 武汉：湖北教育出版社，2016.

[6] 中国学前教育研究会. 中华人民共和国幼儿教育重要文献汇编[M]. 北京：北京师范大学出版社，1999.

[7] 湖南省地方志编纂委员会. 湖南省志 第十七卷 教育志[M]. 长沙：湖南教育出版社，1995.

[8] 田景正. 中国学前教育史论：近代以来中国对外国学前教育的引进与创新[M]. 长沙：湖南人民出版社，2009.

[9] 田景正，周丛笑，刘美罗. 湖南省学前教育发展研究[M]. 长沙：湖南科学技术出版社，2010.

[10] 田景正，周端云，张苏颖. 新中国学前教育70年[M]. 长沙：湖南大学出版社，2020.

[11] 冯象钦，刘欣森. 湖南教育史[M]. 长沙：岳麓书社，2003.

[12] 湖南省教育科学研究院. 湖南教育大事记[M]. 长沙：岳麓书社，2002.

［13］湖南省教育科学研究院教育发展研究所. 湖南教育发展年度报告（2004）［M］. 长沙：湖南人民出版社，2005.

［14］长沙师范学校校志编写委员会. 湖南省长沙师范学校校志［M］. 长沙：湖南教育出版社，1993.

［15］杨莉君，陈建榕，谢欢，等. 学前教育政策法规汇编［M］. 长沙：湖南师范大学出版社，2018.